华夏智库·企业培训丛书

U0681362

全员赢销

让公司利润无限放大

黄钰茗 ◎ 著

经济管理出版社

ECONOMY & MANAGEMENT PUBLISHING HOUSE

图书在版编目（CIP）数据

全员赢销：让公司利润无限放大/黄钰茗著 . —北京：经济管理出版社，2015.9
ISBN 978 - 7 - 5096 - 3883 - 5

Ⅰ . ①全…　Ⅱ . ①黄…　Ⅲ . ①企业管理—营销模式—研究　Ⅳ . ①F274

中国版本图书馆 CIP 数据核字（2015）第 169240 号

组稿编辑：张　艳
责任编辑：张　艳　赵喜勤
责任印制：黄章平
责任校对：赵天宇

出版发行：经济管理出版社
　　　　　（北京市海淀区北蜂窝 8 号中雅大厦 A 座 11 层　100038）
网　　址：www. E - mp. com. cn
电　　话：（010）51915602
印　　刷：北京晨旭印刷厂
经　　销：新华书店
开　　本：720mm×1000mm/16
印　　张：11.75
字　　数：168 千字
版　　次：2015 年 9 月第 1 版　2015 年 9 月第 1 次印刷
书　　号：ISBN 978 - 7 - 5096 - 3883 - 5
定　　价：36.00 元

前　言

　　"赢销"与"营销"最明显的区别在于结果的不同。赢销的结果实现了赢局，是达到目的的有效营销；而营销的结果未必成功，事实上有很多失败的营销案例。我们说营销无处不在，但只有取得"赢"的结果，才算是真正好的营销。赢销已经成为企业破解盈利"瓶颈"，实现多赢式局面的必然选择，也是企业顺利实现成功转型最关注、最迫切需要解决的问题。因此，众多企业采取了全员赢销的方式，部门协同、人尽其才，从而发挥了范围广、见效快的优势。

　　所谓全员赢销，即企业全体成员参与赢销，要求全体员工以营销部门为核心，行政、研发、采购、生产、物流、财会、人力资源、网络等非营销部门统一以市场为中心，以客户为导向进行营销。简单地说，全员赢销就是公司内各部门各司其职，全体员工充分发挥个人聪明才智，以市场为导向，全力配合营销部门开展营销活动，从而彰显企业形象和品牌影响力，并最终实现提升业绩，让公司利润无限放大。

　　全员赢销是企业应对市场竞争、追求持续发展的选择。在产品和服务同质化日益加重的今天，企业领先于竞争对手最大的优势就是和客户在情感上建立互信和友谊。在全员赢销活动中，"赢销王"的最高境界就是与客户建立真诚的友谊，交长期朋友，做长久生意，打造"终身客户"，用"心"服务，用"情"沟通。为此，本书从实际出发，为"赢"在营销提供了一些新的思路和方法。

　　本书重点讲述"赢"销的绝技。全书共分为九章，从"全员赢销"这一

21 世纪的营销新模式开始讲起，对全员赢销战略下的渠道建立、企业经营战略的转变与定位、全员赢销的六大模式、全员赢销手段的整合、网络全员赢销、营销部门的整合、非营销部门的整合以及全员赢销战略实施中存在的问题予以解读，具体详细地阐述了在竞争几乎白热化的当今市场中营销的取胜之道。内容以强调理论与实践相结合及注重细节和可操作性为原则，结合案例和实务，着重介绍了全员赢销的技巧、方法和应用。

本书从战略到市场、从盈利到转型分析全员赢销模式，内容完整、全面，可谓手把手传授赢销技巧的优秀之作。本书不仅是一本指导参与全员赢销的部门和员工顺利展开工作的岗位手册，更是一本提高工作效率和强化自身能力的工具书，给营销参与部门和参与者提供了清晰的思路和科学的方法。

最后，欢迎广大读者批评指正，共同进步。

目　录

第一章 全员赢销——21 世纪的营销新模式

前沿营销模式依靠模式本身的演变与转化，更要依靠一种极大的商业趋势来完成，全员赢销模式是当下的前沿营销模式，具有非常大的市场潜力。全员赢销能够满足企业本身的品牌需求，也能满足商品流通的需求，更能满足消费者的需求。全员赢销是一整套市场规划体系，将最大限度地满足交易的需求。

什么是"全员赢销"

经济的发展和社会的进步使企业间的竞争越来越激烈。在竞争中，"赢"是广大企业不懈的追求和终极目标。对销售人员来说，赢销可以从根本上帮助终端销售人员提升从业综合素质和销售能力，为终端销售人员增强信心，让他们尽自己所能为企业的繁荣和可持续发展增彩；对企业来说，赢销可以使企业在卖出产品、取得利润的同时，树立企业形象，提升品牌影响力，进而实现市场中全面的"赢"局。

"赢销"与"营销"最明显的区别在于结果不同，赢销的结果是实现了赢局，是达到了销售目标；营销却不一定成功，事实上有很多失败的营销案例。营销无处不在，但赢销才是企业获取利润的保证。赢销已经成为企业破解盈利"瓶颈"，实现多赢式局面的必然选择，也是企业顺利实现成功转型最关注、最迫切的问题。

☞**什么是全员赢销**

全员赢销就是企业全体成员参与赢销，要求全体员工以营销部门为核心，研发、生产、财务、行政、物流等各部门统一以市场为中心，以客户为导向进行营销。在这个过程中，全体员工关注或参与企业的整个营销活动的分析、规划和控制，尽量为客户创造价值，使客户满意度最大化，使公司从中获得市场竞争力，进而获得长期利润及长远发展。简单地说，全员赢销就是公司内各部门各司其职，以市场为主导，全力配合营销部门开展营销活动，彰显企业形象和品牌影响力，并最终实现提升业绩。

值得一提的是，有人认为"全员赢销"就是"全员销售"，就是简单地将销售指标分配到企业各个部门、各个岗位的员工头上，那么由此引发的员工的反感情绪不言而喻。实际上，全员赢销是一整套市场规划体系，而销售只是其中很重要的一个环节而已。

☞**如何进行全员赢销**

开展全员赢销是由被动到主动，由不自觉到自觉的一个过程。要做好全员赢销，首先要解决好与之相适应的一些基本问题，如表1-1所述：

表1-1　全员赢销五大基本问题

要　点	含　义
树立全员赢销观念	企业要使员工增强全员赢销观念。要在平时的例会上不断地宣贯，让员工从心理到实际行动都要树立"全员赢销"的意识。同时鼓励大家多关注公司的业务开展进程，了解整个行业的情况和先进的赢销模式，同时结合公司实际情况进行探讨，从而为公司的销售会诊把脉
规范、充实项目	全员赢销刚开始时可能只是个概念，没有多少实质的内容，但在观念建立起来后，全员赢销的内容将会不断被充实和完善，最终使公司成为一个强大的赢销整体

要　点	含　义
合理规划部门和职责	企业没有一成不变的销售模式，随着市场的变化，企业销售部门的划分及职能也会随之改变。开展全员赢销应该逐渐整合部门资源，形成与销售业绩挂钩的考核模式，最大限度地提升相关部门的积极性。同时，也可以创造性地使用特殊部门配置机制，以提升部门对市场的把握程度，为以后的市场营销提供更为有效的方案
完善激励机制	良好的激励机制和措施是全员赢销的重要动力和决定因素，很多企业在推动全员赢销时，往往觉得推动乏力或是缺乏效果，其原因除了领导层的重视程度和员工执行力不够外，最重要的就是激励机制不完善和落实不到位
提升员工的专业程度	做任何工作，首先得做成专才，然后才有可能取得成功。对于参与全员赢销的所有员工来讲，大家必须要做成专才，才会在这样一个赢销会战中取得成功。员工需要掌握的赢销知识大致包括三个方面：产品方面的知识；行业政策法规、发展动态、行业趋势等信息；企业产品所在渠道方面的专业知识

不管是大公司还是小公司，全员赢销都是适用的。全员赢销操作简单，成效显著，但关键是要充分调动每位员工的积极性和突出能力，引导他们参与到企业的日常经营工作当中，消除企业固有的销售和综合脱节的弊端，将企业人力资源优势发挥到极限，从而提升经营效率。

从“消费者营销”到“全员赢销”

“消费者营销”指得更多的是消费者在消费产品的时候能够从产品中获得超值的回报，比如服务、质量更优等。但在现实中，很多企业在市场经济大潮中摸爬滚打多年，却依然不能达到真正的“赢”销。那是因为这些企业总在试图使产品和服务能满足所有消费者的需求，以至于忽视了消费者需求的日益变化和个性化需要，陷入为营销而营销的困境。只有通过“全员赢销”，采取定制化服务策略开展营销活动，才能真正让消费者从消费过程中获得超值回报，才能真正变营销为"赢"销。

定制化服务要求参与赢销的全体员工预知客户的个性化需求及潜在需求，并用有创意的方法来满足客户的这些需求；它还要求所有的员工有统一的服务意识及相互协调的服务方式，能让客户在每个时刻、每个细微的环节都感受到专属于自己的服务。

☞定制化服务需要个性化

定制化服务模式要求企业全体员工既掌握客户共性的、基本的、静态的和显性的需求，又分析研究客户的个性的、特殊的、动态的和隐性的需求。它强调对客户一对一的针对性服务，提倡"特别的爱献给特别的您"。同时，它注重服务过程中的灵活性，强调因时、因地制宜。

☞定制化服务需要人性化

定制化服务的核心是人性化，强调的是用心为客户服务，要求销售人员充分理解客户的心态，耐心倾听客户的要求，真心提供真诚的服务，注意服务过程中的情感交流，使客户感到服务人员的每一个微笑、每一次问候、每一次服务都是发自肺腑的，真正体现了一种独特的人文关怀。

☞定制化服务需要极致化

定制化服务以提高客户的满意程度为基本准则，追求极致的效果。要求全体员工必须做到尽心和精心：所谓尽心，就是竭尽全力，尽自己所能；所谓精心，就是超前思维，一丝不苟，精益求精，追求尽善尽美。

综观各行业的巨头，做硬件的苹果、做互联网的阿里巴巴、做乳制品的伊利皆采取了定制化服务策略。而这些营销高手们还有一个共同特点，就是从来都不只是为营销而营销，而是将着眼点更多地放在深刻地认知和了解客户上，从而使产品或服务完全适合用户需求。事实证明，只有开展"全员赢销"，在实践中采取定制化服务策略，销售最终才会"赢"！

"全员赢销" 会带来什么

全员赢销会带来多赢的局面：一是企业赢，因为全员赢销实现了营销主体和手段的整合；二是市场赢，全员赢销能够让更多的目标客户认同和接受企业的产品和品牌；三是员工赢，通过全员赢销与目标客户建立起健康长久的合作关系；四是客户赢，全员赢销能够为消费者创造更大、更独特的价值。

企业赢：实现营销手段和营销主体的整合

全员赢销带来的多赢局面之一是企业赢，因为通过全员赢销，企业实现了营销手段和营销主体的整合。就是把企业这个营销主体和各种营销工具和手段进行系统化结合，根据环境进行即时性的动态修正，以产生协同效应，在交互中实现价值增值。

这种整合就是要打破传统意义上的销售与其他部门之间的壁垒，充分调动企业里每一位成员的积极性和主动性，让他们主动地为企业整体营销贡献自己的一份光和热，最大化企业人才优势，提升企业的经营效率。当全部员工的认识达到高度统一时，全员营销也就达到了最高境界。

☞海尔的整合实践

海尔认为，企业有内外部两个市场：内部市场就是怎样满足员工的需求，提高他们的积极性；外部市场就是怎样满足用户的需求。在海尔内部，"下道工序就是用户"，每个人都有自己的市场，都有需要负责的市场主体。在这样的理念下，每位员工最主要的不是对他的上级负责，而是对他的市场负责。市场链机制为"SST"（"两索一跳"），即索酬、索赔和跳闸。索酬就是通过为服务对象提供更好的服务而获得报酬；如果达不到市场的要求则要被索赔，如果既不索酬又不索赔，第三方就会跳闸。

在这种机制下，海尔内部涌现出很多"经营自我"的岗位老板，他们像经营自己的店铺一样经营自己的岗位，在节能降耗、提高质量等方面做出了卓越贡献。

☞营销手段的整合

全员赢销首先是"营销手段的整合性"管理，是全体员工对产品、价格、渠道、促销等理念的理解及行为配合。全员赢销的管理理念不仅提升了企业的经营管理水平，也使所有员工关注或参与企业的整个营销活动的分析、规划和控制，尽量使顾客满意度最大化，使公司从中获得市场竞争力。其方法如表1-2所述：

表1-2　全员赢销手段整合方法

手段整合	实施要点
对产品理念的理解	应该了解产品的市场需求、开发背景、产品质量等，因为这样企业的全体员工才能对企业的产品了如指掌，有助于将理念转变为行为方式的整合。这样能便于发挥企业全员对产品的宣传与推动作用
对价格理念的理解	应该明确产品的目标定位以及产品吸引的是哪类或哪几类消费群体，这样的消费群体消费实力如何，易于接受多大的价格空间及指数。这样能让全体员工关注产品的生产成本、利润空间，极大地将"企业是制造利润的机器"这一理念渗透到全体员工的行为方式中，全体员工会切实推行降低成本、提高销量的具体举措
对渠道理念的理解	应该根据目标定位选择适合产品销售的渠道，以便最大化地为消费者提供购买的便利性。这样的理念理解能最大化地调动全体员工的积极性，为消费者提供足够的便利性以期产生更高的销售量
对促销理念的理解	采取促进销售的各种手段调动一切能量资源推动终端销售额的提高，理解该理念应该以"服务"为中心，以服务推动终端消费者的消费附加值，这样能最大化地吸引消费者，以便提高销售量

☞营销主体的整合

全员赢销其次是"营销主体的整合性"管理。企业开展全员赢销不仅是一种产品或者品牌推荐行为，更是品牌维护与管理行为。其方法如表 1 - 3 所述：

表 1 - 3 全员赢销主体整合方法

主体整合	实施要点
确定核心部门	主体部门必须以"营销部门"为核心（以"市场"为核心）开展工作，任何其他部门的工作都要服务于"营销部门"的工作
规划部门资源	非营销部门应以"营销的观念"来规划本部门的资源，以便最大化地服务于部门职责，推动公司的"整体营销"工作
规划营销工作	非营销部门也应该向营销部门学习，以营销观念来规划本部门的工作，以营销的市场竞争观念来开展工作，这样能最大化地提高工作效率
参与营销活动	非营销部门员工特别是中小企业的部门员工，应该在单位时间里开展"营销活动"的实践，这样能有效地让同事理解营销的观念与方法。更为关键的是能进行"市场危机"教育，部门员工能有效地理解市场部门的困难度及重要性，同时能有效地将"部门主体"及"公司员工主体"进行有效整合以推动营销工作的开展

总而言之，通过营销手段和营销主体的整合，能够使企业营销部门更加专业化，实现各种营销手段的优化组合；企业整体组织实现市场化，挖掘企业的整体潜能；全员营销迫使企业适应市场要求，促进企业内部组织更新优化升级；以市场为龙头，带动企业内部快速向现代企业理念和制度靠近；降低企业生产成本和运营成本，内部服务社会化，便于制造企业向集团化发展。

市场赢：让更多的目标客户认同和接受我们

全员赢销能够带来的"市场赢"，其含义就是让目标客户知道我们、明白我们，最后接受我们。因为企业存在的价值和意义就是为客户服务，所以，全员赢销的目的就是"让支持我们的人越来越多，反对我们的人越来越少"。

☞让客户知道

要让客户知道企业的产品，这是销售首先要做的事。做这种事并不困难，为了让客户知道就要登门拜访，为了让更多客户知道就要多登门拜访。要想获得成功就不要怕吃苦。当然，不怕吃苦不等于到处乱跑。跑客户要讲究目标、路线和步骤，有计划、有重点、有节奏地销售就能提高效率、增强兴趣。但千万别以为人家知道了你们企业的产品就会购买，让客户掏钱可不是一件容易的事。

☞让客户明白

知道不等于明白，而客户不明白就不可能购买产品。什么是"明白"？客户把产品性能、质量、价格等都搞清楚了才算明白。只有对产品做具体介绍才能让客户明白。问题是由于工作很忙，客户往往不会给你很多介绍的时间，能不能在很短的时间内把应该说的话简明扼要地说清楚，这是对销售人员的重大考验。还有一种情况，就是客户并不想弄明白你要销售的产品，因为他对这种产品根本就不感兴趣。在这种情况下，如何引起客户兴趣就显得非常重要了。

☞让客户信任

客户即使明白了你介绍的产品也很难做出购买决定，因为他还不了解你和你的企业，或者说还不能信任你的产品。越是销售复杂或贵重的产品越不容易取得客户的信任。这时候，还要进一步做争取信任的工作。争取信任固然离不开必要的证明材料，但光靠这些是不够的，有的时候，一句话、一个表情甚至一个眼神都会让人家起疑心。销售人员必须加强自己的诚信修养，因为老实的人总会比不老实的人容易得到别人的信任。

☞让客户动心

客户知道、明白并信任了你的产品就会购买吗？那可不一定。客户的心理是复杂的。他们可能还在琢磨这款产品究竟有没有特殊价值，可能还在盘算要不要用这个产品来替换原有的同类产品，也可能还在考虑钱的问题。聪明的销售员善于察言观色，一旦发现了客户的微妙心理，再说几句贴心话就有可能让客户动心。因此要多学一点心理学，不但要善于把握客户心理，而且要善于影响客户心理。人们常说销售人员经常跟客户打交道，其实是经常跟客户的心理打交道。

☞让客户选择

客户动心之后还不一定购买你的产品。凡是有经验的客户都有很强的选择意识。他们在初步决定购买你的产品之后还会思考这样的问题，即其他厂家的产品会不会比你们的产品质量更可靠、价格更便宜等。有的客户还会在时间选择方面动脑筋，即在考虑究竟是现在购买合适还是将来购买更合适。销售人员如果发现了客户关心这方面的问题，也要实事求是、恰如其分地做一些有效说服工作，否则上面的四步棋就算白走了。

☞让客户放心

让客户放心指的是解除他们的后顾之忧，这要通过宣传、解释、售后服务措施来实现。客户通过感性认识和理性思考，一旦打算购买你的产品，剩下的问题就是担心产品质量。这时候，销售人员要善于根据企业有关规定，有针对性地回答客户提出的各种问题，使他们由担心变为放心。宣传解释售后服务措施既不能多说也不能少说。不要说做不到的事，否则就是欺骗；也不要少说，客户知道的质量保障措施越多越放心。

☞让客户接受

即使走完了上述六步也不要掉以轻心，因为有些客户的认识容易反复，当时要是有人在旁边插一句泼冷水的话，他们的决心就更容易动摇。为了成功地把产品销售出去，销售员要对成交之际可能发生的意外情况做好足够的精神准备，并随时坚定而又巧妙地迎接各种带有颠覆性的新挑战，直到客户最后接受、决定购买为止。成功销售不仅需要丰富的业务知识，而且也需要意志坚定、沉着应战等许多宝贵的心理素质。

上述七个步骤与其说是销售程序，不如说是销售要素。由于产品及客户情况千差万别，很难保证机械地走完这七个步骤就能获得成功。然而，无论产品及客户情况怎样复杂多变，上述七个步骤总会存在于销售过程之中。营销人员必须洞察这些心理活动并灵活机动地加以应对，这样才能赢得客户。

员工赢：与目标客户建立起健康长久的合作关系

全员赢销可以让员工与目标客户建立起健康长久的合作关系，从而实现"员工赢"。由于良好关系的建立，既可以使员工自己的从业综合素质和销售能力得到锻炼和提升，也可以使员工的信心大大增强，进而尽自己所能为企业的繁荣做贡献并为自己创收。

要想与目标客户建立起健康长久的合作关系，首先需要了解一般的人际关系，与客户的关系类型，更重要的是掌握建立合作关系的原则，这些都是不可或缺的知识，需要加强学习。

☞一般的人际关系

关系是在人与人之间的交往过程中实现的，而人与人之间的关系复杂多变。要想变营销为"赢"销，了解这些关系形态无疑是有利的。一般人际关系归纳起来大体有以下五种形态，如表1-4所述：

表 1-4 一般人际关系五大形态

形 态	含 义
亲缘关系	指依靠家庭血缘关系维系的市场营销，如以父子、兄弟姐妹等亲缘为基础进行的营销活动。这种关系营销的各关系方盘根错节，根基深厚，关系稳定，时间长久，利益关系容易协调，但应用范围有一定的局限性
地缘关系	指以企业营销人员所处地域空间为界维系的营销活动，如利用同省同县的老乡关系或同一地区企业关系进行的营销活动。这种关系营销在经济不发达、交通邮电落后，物流、商流、信息流不畅的地区作用较大。在我国社会主义初级阶段的市场经济发展中，这种关系营销形态仍不可忽视
业缘关系	指以同一职业或同一行业之间的关系为基础进行的营销活动，如同事、同行、同学之间的关系，由于接受相同的文化熏陶，彼此具有相同的志趣，在感情上容易紧密结合为一个"整体"，可以在较长时间内相互帮助，相互协作
文化习俗关系	指以企业及其员工之间共同拥有的文化、信仰、风俗习俗为基础进行的营销活动。由于企业及其员工之间有共同的理念、信仰和习惯，在营销活动的相互接触和交往中易于心领神会，对产品或服务的品牌、包装、性能等有相似需求，容易建立长期的伙伴营销关系
偶发关系	指在特定的时间和空间条件下出现突然的机遇形成的一种关系营销，如营销人员在车上与同坐旅客闲谈中可能使某项产品成交。这种营销具有突发性、短暂性、不确定性特点，往往与前几种形态相联系，但这种偶发性机遇又会成为企业扩大市场占有率、开发新产品的契机，也很有可能成为一个企业兴衰成败的关键

细心地思考一下我们周围的关系，有什么关系可以利用，然后进行精心的策划，这样，我们就可以迅速地拉近与客户的心理距离，让客户产生一种亲近感，有利于解决遇到的问题。在"全员赢销"活动中，善于利用和发展人际关系，会促使营销向"赢"销转变。

☞与客户的关系类型

在全员赢销活动中，与目标客户的关系一般可以分为四种，这四种关系分别是：局外人、朋友、供应商和合作伙伴。要想变营销为"赢"销，了解这四种关系具有重要的意义。

表1-5 目标客户四种关系类型

类 型	含 义
局外人	销售人员与客户之间没有建立互相信任的关系，客户所在的机构也没有享受到销售人员的公司为其带来的利益，这时销售人员是一个局外人。通常销售人员在开始接近新客户时会遇到这样的情况
朋友	销售人员与客户成为好朋友，客户喜欢与这个销售人员交往，这时两者之间是朋友的关系。销售人员和客户之间建立私人关系有多种渠道。例如，销售人员在周末与客户一起打网球、下围棋，逢年过节一起聚会，或者销售人员与客户有共同的朋友。与自己喜欢的人打交道是每个人的本能。这就是为什么有的销售人员提供更便宜的价格和更好的产品，但是客户仍然选择别的厂家的原因。有的销售人员不停地转换客户，对生意造成了负面的影响。新老销售人员在交接时，老销售人员与客户之间的情谊是不能交接的。公司应该尽量减少不必要的客户交接
供应商	当客户选择该产品却没有与该产品的销售人员有私人情谊的时候，这时与客户的关系是供应商关系。作为供应商，赢得订单的依据是产品的性价比，这就是说销售人员推荐的产品性能给客户带来的益处是别的厂家难以提供的，或者产品的价格最具有竞争力。当然，如果公司的产品在市场中处于垄断地位，这时销售人员可以依赖这种垄断地位成为客户的供应商
合作伙伴	当销售人员能够将客户的个人利益与客户所在机构的利益兼顾时，这时他才会成为客户的合作伙伴。从客户利益的角度看，客户最终寻找的是合作伙伴，而不是客户的私人朋友或者供应商。客户首先要选择性价比最优的公司和产品，其次他想与他喜欢的销售人员打交道

在全员赢销活动中，销售人员与客户刚开始接触的时候，自己的公司与客户之间是局外人的关系，通过相互了解并建立互相信任的关系，公司最终的目标是成为客户的合作伙伴。销售人员有两条路可以走，第一条是从外人到朋友到合作伙伴，第二条是从外人到供应商到合作伙伴。无论走哪条路线，正确的方法是两手都要抓，两手都要硬，即销售人员在向客户推销产品或服务的时候，一方面要拿出对客户机构最有利的方案，同时要与客户个人方面建立良好的私人关系。

☞建立合作关系需要把握的原则

在全员赢销活动中，关系的实质是在营销中与各关系方建立长期稳定的相互依存的营销关系，以求彼此协调发展。为此，发展关系必须遵循以下原则，如表 1 - 6 所述：

表 1 - 6　建立合作关系的四项基本原则

原　则	含　义
主动沟通原则	全员赢销讲究主动沟通原则，以求建立良好的合作关系。全体员工都应主动与关系方接触和联系，相互沟通信息，了解情况，形成制度或以合同形式定期或不定期碰头，相互交流各关系方的需求变化情况，主动为关系方服务或为关系方解决困难和问题，增强伙伴合作关系
承诺信任原则	全体员工都应做出一系列书面或口头承诺，并用自己的行为履行诺言，才能赢得关系方的信任。承诺的实质是一种自信的表现，履行承诺就是将誓言变成行动，是维护和尊重关系方利益的体现，也是获得关系方信任的关键，更是与关系方保持融洽伙伴关系的基础。
互惠原则	全体员工必须做到满足关系方的经济利益，并通过在公平、公正、公开的条件下进行成熟、高质量的产品或价值交换使各关系方都能得到实惠
动态原则	这一原则更多地用于企业本身。企业要通过建立专门的部门，来跟踪顾客、分销商、供应商及营销系统中其他参与者的态度，由此了解关系的动态变化。同时，企业通过客户关系的信息反馈和追踪，测定他们的长期需求，密切关注合作伙伴的变化，了解他们的兴趣。在此基础上，企业一方面要调整和改善关系营销策略，进一步巩固相互依赖的伙伴关系；另一方面要及时采取措施，消除关系中的不稳定因素和有利于关系各方利益共同增长的因素。此外，通过有效的信息反馈，企业将会改进产品和服务，更好地满足市场的需要，并推动全员赢销活动的开展

综上所述，在全员赢销活动中，员工要了解一般的人际关系，了解与客户的关系类型，还需要掌握建立合作关系的原则，这样才能使整体能力得到提高。

客户赢：为消费者创造更大、更独特的价值

作为一种新的营销理念和营销模式，全员赢销更加注重为消费者创造更大、更独特的价值，在实现多赢局面的同时实现"客户赢"。多赢局面中客

户的"赢"是指每个客户的"赢",这是最核心的赢销思想。从理论上说,结果与赢应该是因果关系,比如,参与赢销的员工因为服务质量好,所以受到了客户的表扬,这种表扬是销售人员一直所期待的赢。但实际中很多时候因果之间是撕裂的,甚至个人的赢损害了个人信誉、公司形象等,比如回扣。撕裂往往意味着更多销售成本的付出,甚至违法。

"赢"虽然是一种变幻莫测的东西,但"赢"可以通过每个人的感受方式来衡量。很多销售人员经常搞混了自己的感觉和客户的感觉。他们总觉得客户应该如何如何,并且称之为"将心比心",这是典型地拿想象代替信息,是销售的大忌。这种一厢情愿的做法往往会误导销售的方向。切记:只有客户认为赢才是赢,销售人员自己的感觉并不能代表客户。

☞康柏公司的三次价值创新

康柏公司是美国的一家计算机公司,该公司经过 3 次价值创新,使自己的价值曲线与同行业竞争对手的价值曲线始终保持一定的差距,通过扩大差距的办法找到了自己的利益增长空间,而且提高了自己的核心能力,使销售额和利润额翻了将近三番。

康柏公司的第一次技术创新是在 1992 年,当时生产出一种非常简单的服务器 ProSignia,最适合于运行 NetWare 文件处理和打印。价格只有 SystemPro 的 1/3。康柏主要通过减少一般应用的兼容性而大大降低了生产成本,实现了这一价值的创新。

当竞争对手试图模仿 ProSignia,行业价值曲线开始趋同时,康柏公司又一次基于服务平台进行价值创新。当时,公司经过研究发现,服务器不是一个孤立的产品,而是消费者需求链中的一部分。消费者 90% 的费用被用在其他方面,只有 10% 用于服务器。于是,公司调整了自己的资源,开发出 Proliant1000,更加适合用户的操作系统和应用程序,这样便节省了用户设置硬件的时间,使安装过程准确无误,服务器能可靠运行。

康柏公司的第三次技术创新是为缩短从订货到送货之间的时间而发动的

发送平台的价值创新。公司精心筛选新的发送途径，使自己的产品根据客户的特殊需要而生产，并在订货48小时内送到货。这次价值创新，康柏大大减少了存货成本，增强了客户的信誉度。

康柏通过技术创新和基于服务平台的创新，创造了更加优越的价值曲线，扩大了市场份额。更重要的是，这三次价值创新使消费者的使用价值得到了很好的实现。

☞消费者价值及其构成

这里所说的价值，是消费者对最基本的、根本性欲望和目标的认知表象。也就是说，价值是消费者在消费生活中所要获取的精神上的表象，是消费者追求生活的目标的"图示"。消费价值，是指消费者对于商品所带来的效用的需求程度，是消费者面临某一商品时选择购买或不购买、选择此产品而不是另一个产品以及选择此品牌而不是另一品牌的主要原因。根据上述理解，所谓消费者价值，就是消费者从某一特定产品或者品牌中获得的一系列利益；同时，消费者消费的过程就是寻找消费价值的过程。

消费者价值的构成，包括五个方面的要素，如表1-7所述：

表1-7 消费者价值构成要素

要 素	含 义	案 例
功能价值	它强调的是商品本身所具有的实体或功能价值，即产品或品牌具有某些功能上的属性，且能满足消费者使用该产品功能上的目的	宝洁在中国的汰渍品牌小组成立时，小组从消费者需求与习惯研究中得到的数据显示，消费者关心的洗衣粉的前三个基本功能是日常清洁、去油和衣领、袖口清洁，再通过概念开发座谈会和消费者深度访问后，宝洁确定了两个待选概念：一个是油迹去无痕，一个是领干净、袖无渍。汰渍一贯宣传洗衣效果，在功能价值层面上做文章，赢得了消费者的认可

要　素	含　义	案　例
情感价值	它是指消费者的选择可能取决于消费者渴望的情感抒发，消费者所获得的价值来自于所选择的产品引起的感觉或感受，在这个层面上讲，消费者价值也包括情感价值	川航在国内航线激烈的市场竞争中，打出了独特的广告语——"美丽川航，伴你回家"，美丽川航的空姐形象让人过目不忘。若是比飞机数量、硬件等，川航无法和国内其他航空公司相比，但川航把软件——空姐的美貌作为卖点，却收到了意想不到的效果。这种"美丽价值"，其实就是一种"情感价值"
认知价值	它是指消费者选择取决于产品能否满足他们的好奇心、新鲜感和追求新知，则产品具有认知价值。消费者认知商品的认知情境包括包装广告、产品造型、店面卖场环境、企业形象等	喜之郎认为跳出产品之品相，在消费者的认知上做文章，才能在消费者市场上真正占据一席之地。为此，要扩大果冻的消费层次及范围，这是引起产品销量大增的重要途径。一是逆向定位，扩大产品消费群体；二是拓展品牌诉求的外延，在产品与消费者之间建立更高的关联度。其品牌发展之道是立足"亲情"这一中国人的基本心理认知进行诉求，充分运用传播手段，如巧妙有效的广告与音乐，从而调动消费者的认知向这一情感诉求靠近
社会价值	当产品能使消费者与其他社会群体联结而发挥作用时，则此产品具有社会价值。在社会价值的影响下，消费者选择产品并非理性地注重其真实特性与功能，而是关注产品是否能提升自身的社会地位，塑造社会形象，或是满足内在的自我欲求	20世纪30年代的中国台湾，农村还处在手工作业状态，稻谷收割与加工的技术很落后，稻谷收割后都是铺放在马路上晒干，然后脱粒，小石子之类的杂物很容易掺杂在里面。大家在做米饭之前，都要经过一道淘米的程序，很不方便，但买卖双方对此都习以为常，见怪不怪。王永庆却从这一司空见惯的现象中找到了切入点。他带领两个弟弟一齐动手，不辞劳苦，不怕麻烦，一点一点地将夹杂在米里的秕糠、砂石之类的杂物拣出来，然后再出售。这样，王永庆就提高了产品的价值，米店卖的米质量高于其他米店一个档次，米店的生意也日渐红火起来

续表

要　素	含　义	案　例
形象价值	是指企业及其产品在社会公众中形成的总体形象所产生的价值。包括企业的产品、技术、包装、商标等所构成的形象所产生的价值，公司及其员工的经营行为、服务态度、工作作风等行为形象所产生的价值	在小小的嘉义已有米店近30家，市场竞争环境非常激烈，王永庆通过提升产品价值和细节服务打造出米店的品牌形象，树立了独具特色且超越于其他米店的形象价值。王永庆的生意越来越好，从这家小米店起步，最终成为今日台湾地区工业界的"龙头老大"。因此，令人感动的服务绝不仅仅是微笑和服务口号能涵盖的，它融合在每一个工作的细节里

如果去衡量上述消费者价值构成要素的话，衡量的标准便是：你是否在与顾客交往的每一个环节上都细心地为顾客的方便与利益着想？在如今技术高度发展、产品趋同的形势加剧的情况下，只有乐于把方便给予顾客，把利益给予顾客，把有效有价值的服务给予顾客，才能塑造出企业独特的形象价值魅力，赢得顾客心。

☞为消费者创造价值的途径

无论哪个行业的销售人员，首先明白的事应该是："顾客就是上帝。"不要把这句话理解错了，上帝是做什么的？是创造的，明白了这一点，才能得到上帝的认可。真正要想留下用户，必须为消费者创造更多价值，这才是王道。

那么，在全员赢销过程中，如何为消费者创造更多的价值呢？下面的有效途径可以采纳。如表1－8所述：

表1-8 创造价值的四大有效途径

途 径	实施细则
强化消费者的感知	消费者价值只是消费者的一种感受和体验，是不可准确计算的。强化消费者感知关键是要强化有形证据在服务消费者过程中的作用。要求的一致性、产品的适宜性、价格的合理性、品牌的优异性、服务的完美性是决定消费者感受的主要因素。企业通常可以采用高品质、优质服务的策略来达到这个目的
独特的服务	在激烈的竞争中，企业唯有尽力在不同的方面为消费者提供独特服务才能避免陷入恶性的价格战中。提供特殊服务的关键方法之一是关注细节。只有细节才能显示企业服务到位，才能让消费者感动。但只要是消费者关心的，就是有价值的
协助消费者解决问题	企业在提供产品或服务后，要协助消费者达到使用产品或服务的目的，这种基于"双赢"的伙伴型关系策略很快会使企业在激烈的竞争中脱颖而出，与消费者建立起良好稳定的客户关系
价值创新	价值创新是现代企业竞争的一个新理念，被认为是提高消费者忠诚度、保持企业持久竞争优势的重要源泉。它不是单纯提高产品的技术竞争力，而是通过为消费者创造更多的价值来争取消费者，赢得企业的成功。消费者价值创新的战略焦点是通过消费者价值创新，为消费者提供更具价值的产品或服务，以满足不断变化着的消费者需求与偏好

综上所述，在激烈的竞争中，企业开展全员赢销必须调整和增强自身的能力，使企业的经营管理、组织结构与顾客价值因素相适应。建立以消费者价值管理为目标的顾客关系管理系统，根据消费者的需求不断地为消费者创造比竞争对手多一点的价值，才能赢得消费者，企业才能不断地发展壮大。

第二章 建立全员赢销渠道
——让全员赢销战略落地的基础

全员赢销是满足消费者需求的经营模式，因此在建立全员赢销渠道的过程中，企业首先要以满足消费者需求为目标，从简单的产品生产向市场导向转化，由生产贸易型向市场经营型靠近，由单一广告轰炸向优化组合的整合营销转化，并对内部组织进行优化升级，实现内部服务市场化。

经营中心：由产品向市场转化

企业的经营首先要对企业具有长远性、全局性、抗争性、纲领性和相对稳定性的经营方案进行谋划，因而具有鲜明的导向性。随着商品市场由卖方市场转变为买方市场，企业经营已经从简单的产品生产向市场导向转化，进入了以满足消费者需求的深化阶段。这种从产品驱动到市场营销驱动大转变的运营逻辑，不仅显示出企业经营决策的转变，也为企业开展全员赢销提供了更为广阔的空间，有利于全体员工的积极性和聪明才智最大限度地发挥。

企业经营中心由产品向市场转化是时代所需，也是企业自身发展的必然选择。在新的形势下完成这种转化，必须了解企业市场化的内涵，更需要掌握和运用全员赢销的市场化操作模式，对企业内部资源进行整合，在满足消费者需求的前提下为企业创造价值，也使个人增加收入。

☞什么是企业市场化

所谓企业市场化，是指企业的资源配置按市场规则进行，企业的生产要素（资本、劳动、土地和企业家）和产品的获取、交易都由市场提供和决定。比如某甲靠剪窗花糊口，有一天富商某乙相中其手艺，甲乙二人遂合作办厂，使窗花制作量增大，销售渠道变宽，资金运转速度加快，根据用户需要丰富品种等，最后取得了很大效益。这就是市场化。企业的市场化能使企业利润最大化。

企业产品在投放市场的过程中，由于存在利益的驱使，同时有"市场"这只无形的手控制，企业应该在整合人力资源的基础上，努力做到低投入、高产出，保证利润也就是利益最大化。事实上，企业获得更多的利润，关键是运作模式的选择，而实施全员赢销则是不二之选。这种模式强调企业的各个部门、各个岗位员工都参与到企业营销活动中来，以此发挥部门职能，调动员工积极性，使企业全员致力于降低成本、提高效益，从而达到企业效益最大化，同时个人的收入也有了保证。

总之，企业市场化是企业全员赢销战略落地生根的基础，而全员赢销则成了企业市场化的一种有效运作模式。

☞企业市场化过程中如何实施全员赢销

企业由产品向市场转化，需要对企业内部资源进行整合，使各个运营环节不断完善和改进，以保证全员赢销这种有效的模式能够落地实施。

在这里，我们不妨来看一下海尔公司运用"三E"理论进行营销管理的例子。

"三E"理论是美国堪萨斯州安全委员会主席哈维在1923年为解决交通安全问题而提出的，后由美国国家安全委员会的威廉斯对此做了补充和发展。所谓"三E"就是法规（Enforcement）、教育（Education）和工程（Engineering），因为英文里这三个词的第一个字母都是"E"，所以称之为"三E"理论。其基本含义是：要搞好交通安全，必须以法规、教育与工程为主体，三者缺一不可。海尔公司将"三E"理论引入营销管理中，对营销人员进行全过程管理，起到了下列五大作用：第一，它使所有营销人员的工作都处于受控状态，使很多企业管理人员常常感叹的营销人员"将在外，君命有所不受"的状态彻底改观；第二，人都是有惰性的，有些营销人员取得一点小成绩后，业绩再难以提高，往往是惰性使然，由于采取"三E"管理，营销人员时时感受到工作的压力，这种压力可以变为动力，可以克服惰性，当然也有助于营销人员提高销售业绩；第三，"三E"管理监督营销人员通过记"日清单"，不断反省自己，总结经验教训，从而使营销人员的工作能力大大提高，每天都有进步；第四，通过"三E"管理，总部掌握了营销人员的销售进展情况，使公司能够在营销人员最需要的时候向他们提供最及时的销售支持；第五，公司通过分析"日清单"，能够掌握市场总体状况，及时调整营销政策和营销思路。

海尔的管理精神值得学习，其管理方法也有借鉴意义。在企业由产品向市场转化的过程中，为了使全员赢销顺利进行，就要按照市场规则把握好以下几个原则，如表2－1所述：

表2－1 市场化经营基本原则

原　则	含　义
决策态度	一项制度、体制能否施行下去，领导层的态度起着关键的作用。首先，领导层决定的全员赢销战略要按计划坚决地执行下去，而不能搞时不搞，让员工不明白"赢销"这件事究竟能不能做成，产生后顾之忧。其次，要说话算话，对全员赢销过程中的承诺要兑现，不能给员工一种说一套做一套的感觉，让员工产生不信任感，这对全员赢销的运行将产生巨大阻碍
绿色赢销	企业在全员赢销过程中要充分体现环保意识和社会意识，向消费者提供科学的、无污染的、有利于节约资源和符合良好社会道德准则的商品和服务，采用无污染或少污染的生产和销售方式，引导并满足消费者有利于环境保护及身心健康的需求

原　则	含　义
个性化赢销	即把对人的关注、人的个性释放及人的个性需求的满足推到中心的地位。为此，企业及其员工要积极地与市场逐步建立一种新型关系，并及时地了解市场动向和消费者需求，向消费者提供一种个性化的产品和服务；同时，消费者完全可以根据自己的需求提出对商品性能要求，企业要尽可能地按消费者要求进行生产，迎合消费者的个别需求和品味，并搜集信息，采用灵活战略适时地加以调整
创新赢销	创新是企业成功的关键。企业经营的最佳策略就是抢在别人之前淘汰自己的产品，这种把创新理论运用到全员赢销中的新做法，包括赢销观念的创新、赢销产品的创新、赢销组织的创新和赢销技术的创新，要做到这一点，全体员工就必须随时保持思维模式的弹性，让自己成为新思维的开创者
杜绝唯利是图	全员赢销模式决定了企业和员工为获得更多利润而努力，但也有可能会误导员工"唯利是图"。现代营销管理中最可怕的现象是"暗箱操作"和"过程管理不透明"，并因此而导致过程管理失控，过程管理失控最终必然表现为结果失控。比如有些员工为了获利欺骗消费者、有的企业为了利润减少对污染治理的投入等。要解决这个问题一是要加强教育，二是要强化监管。在全员赢销开展过程中，要保证员工所得利益是实实在在地通过提供优质产品、提高服务质量而得来，如果发现弄虚作假，一定要严肃处理，促使他们守法销售

综上所述，企业由产品向市场转化是一项大工程，在此过程中实施的全员赢销，一定要按市场规则开展工作，这样才能完成市场化进程，从而保证全员赢销的落地实施。

企业重心：由生产贸易型向市场经营型跨越

目前在全国范围内，各行各业均存在大量具有生产优势而销售能力较弱的企业，我们将其称为生产型企业，如果再兼有贸易，就叫做生产贸易型企业。生产贸易型企业掌握着产业链的上游资源，因销售能力低所以离市场较远，往往具有"隐性"和"利润薄"、"受制于人"等特点。生产贸易型企业在对市场利润垂涎欲滴的同时，也深感自己生存的危机。

那么，生产贸易型企业如何向市场经营型跨越，进而分享市场销售中的丰厚利润呢？我们先来看看国内羊奶市场的例子。

☞国内羊奶市场"小羊"叫板"大牛"

近年来，羊奶制品越来越受热捧。在超市和婴幼儿用品商店的羊奶粉货架前，随处可见围着促销人员进行咨询和选购的年轻妈妈们。消费者的需求极大地推动了国内羊奶产业的发展，羊奶市场渐火，"小羊"大有要叫板"大牛"的态势。

羊奶市场之所以渐火起来，除了科技创新的推动功劳，渠道创新也帮了很大忙。越来越多的羊乳企业开始不断强化自身营销能力，并不断加强渠道的开拓建设。最明显的标志是有一些羊奶企业开始由生产贸易型向市场经营型跨越，在现有销售网络的基础上，寻求更多的渠道代理商，并在全国形成更加密集而且庞大的销售网络，从而极大地突破了地域限制。由专门的营销公司负责产品的销售以及品牌的打造，也可以让更多的消费者对其产品有更加深入、全面的认识，从而占据了更多消费者的心智资源。

正是由于这些羊奶企业积极致力于转型，对现有及未来产品有节奏地开发和规划，并不断对管理工作进行改善和规范，才使得羊奶市场渐火，"小羊"也才逐渐有了与"大牛"叫板的实力。

☞分析优劣，准确定位

企业由生产贸易型向市场经营型跨越，首先应该为自己进行定位，明确自己的优势和不足。

一般来说，生产贸易型企业的优势在于对生产具有多年的经验，对于产品的制作、品质等具有丰富的经验，能够根据市场的需求制造出符合市场需求的产品；掌握着上游资源，牢牢把控着市场销售产品的源头。

生产贸易型企业的劣势在于"远离市场"，缺乏科学的营销战略、营销观念相对滞后、营销手段十分陈旧、营销队伍整体素质不高等。由于他们多年来一直保持着自己的"隐性"特点，对市场了解较少：消费者的需求是什么，渠道的兴趣点在哪里，如何打开销售渠道，如何针对消费者需求做市场，如何管理销售团队……这些也都是生产贸易型企业所不了解的。因此，即使生产贸易型企业对市场销售利润再垂涎三尺，如果贸然进入必将遭遇"滑铁卢"，甚至因资金链断裂等。

☞寻找出路，成功切入市场

生产贸易型企业在对自己进行明确定位，了解自己的优劣势之后，如何寻找出路、成功切入市场呢？回答就是：出路在于积极开展全员赢销！

由于生产贸易型企业中大多数企业的营销人员是边学边干型，没有系统地接受市场营销相关专业知识的教育和专业技能的培训，缺乏必要的市场经济理论知识和对市场经济规律的认识，因此应该在观念和技能上都有进一步提高。针对生产贸易型企业的这些特点，通过全员赢销方式切入市场，需要采取以下方法，如表 2-2 所述：

表 2-2　市场切入的基本方法

方　法	实施细则
树立正确的赢销观念	现在的商品市场是买方市场，企业过去那种等待客户上门的营销方式早已一去不复返了。全员赢销要以买方的核心利益为出发点，树立"从满足顾客需求中获取利益"的市场营销观念，按照顾客的需要去设计产品、制造产品，并努力把适当的产品以适当的价格用适当的方法在适当的时间和地点送到顾客手中
建立赢销组织框架	企业应当根据市场开发需要，建立销售组织体系、市场信息管理体系、目标和计划管理体系，通过完善的销售管理体系，明确销售管理层次及其职责、工作标准和工作流程，将目标市场和市场目标、销售管理人员和业务员、经销商、市场信息以最佳方式组织起来，充分发挥全员赢销的整体攻防能力，最大限度地占领市场，实现最佳的营销目标

续表

方　法	实施细则
制定科学的赢销战略	企业要在整合资源的基础上选择合适的赢销战略。比如缝隙赢销战略，即通过"专业化"和"特色化"把产品和服务"做精、做专、做大"，从而为企业带来高额利润。再如寄生赢销战略，即"寄生"在大企业产品出口上，跟随着一起出口，比如为大企业的出口产品生产相关的配套产品，以这种方式达到本企业产品出口的目的
寻找有赢销机会的市场	企业一旦发现某一市场机会适应企业目标和资源，能使企业扬长避短，发挥优势，比竞争者和可能的竞争者获得更大的差别利益时，应马上抓住机遇，快速反应。有赢销机会的市场包括高科技市场、农村市场、旅游市场、文化市场等
建立赢销网络	随着市场经济的深入发展，企业营销意识的增强，网络也被赋予了赢销推广的重要职责。企业应当转变传统的网络仅为销售渠道的观念，创立自己的赢销网络。如 TCL 集团进军彩电市场时，根本没有自己的彩电基地，它倡导"有计划的市场推广"观念，大力筹建自己在全国的销售网络，奇迹般地跻身于中国彩电业三强之列，成为现代营销学"先有市场，再有工厂"的典范
确立名牌战略	当今的世界已进入品牌竞争的时代。如果不重视品牌战略的重要性，产品没有特色，更没有品牌，企业的发展无疑会受到制约。这就要求企业一方面要制定名牌战略，根据自己的具体情况，确立不同阶段的目标规划、可行性实施步骤；另一方面把质量创新作为名牌产品的根基和企业的生命，企业创名牌应当在质量管理上下功夫
提高创新能力	生产贸易型企业要通过技术创新，广泛采用新技术、新工艺、新材料，不断改进产品设计，开发新产品，加快技术改造的步伐，吸收先进技术，并予以创新。这样，企业的产品才可以走在市场前列，名扬中外的熊猫电子集团正是坚持科技开路而占领了巨大的市场份额

综上所述，在飞速发展的当今世界，生产贸易型企业要生存、要做大，就要紧跟潮流，大胆地向市场经营型跨越，需要付出比以前更多的努力。管理、分析、总结、学习、借鉴、创新是生产贸易型企业将企业重心由生产贸易型向市场经营型转变的关键。

营销传播途径：由单一广告轰炸向优化 组合的整合营销转化

营销传播途径中的广告轰炸是在相对短期内创造知名度以及达到销售目标的途径，其基本特征是大量的资本投入和媒体投放。长期以来，单一的广告轰炸诉求点单薄，而且轮番轰炸已经造成了一个不争的事实：消费者不耐烦，产品和企业形象受损，营销活动几乎无效果可言。由此看来，营销传播途径由单一广告轰炸向优化组合的整合营销转化势在必行，也是智者的选择，因为整合营销已经在实践中显示出单一广告轰炸无法比拟的优势。

这里值得一提的是，整合营销实际上可以理解为全员赢销。因为从方式和目标上看，两者都是以消费者需求为核心重组营销行为，发挥所有资源的协同作用，变单向诉求和灌输为双向沟通，树立产品品牌在消费者心目中的地位，建立长期关系，最终达到消费者、企业、员工、市场的多方共赢。

☞DHC 的整合营销实践

DHC 是日本的一个化妆品品牌，它进入中国市场的时间要比其他欧美品牌晚很多，而对于化妆品营销而言，想在一个新市场当中抢得一席之地，即使有大量的营销投入，也未必一定可以实现目标。但 DHC 很懂市场，他们所做的事情，完全符合整合营销策略：

一是网络病毒营销。互联网是消费者学习的最重要渠道之一，在新品牌和新产品方面，互联网的重要性第一次排在电视广告前面。DHC 采用广告联盟的方式，将广告遍布大大小小的网站，广告的点击率也比较高，因为采用了大面积的网络营销，其综合营销成本也相对降低，并且营销效果和规模要远胜于传统媒体。

二是体验营销。一次良好的品牌体验要比正面的品牌形象强有力得多。DHC 采用试用体验的策略，用户只需要填写真实信息和邮寄地址，就可以拿到四件套的试用装。当消费者试用过 DHC 产品后，那么就会对此有所评价，并且和其他潜在消费者交流，一般情况交流都是正面的。

三是会员制体系。只需通过电话或上网索取 DHC 免费试用装或者订购 DHC 商品的同时自动就成为 DHC 会员，无需缴纳任何入会费与年会费。DHC 会员还可获赠 DM 杂志，成为 DHC 与会员之间传递信息、双向沟通的纽带。采用会员制大大提高了 DHC 消费者的归属感，拉近了 DHC 与消费者之间的距离。

四是多渠道营销。网络营销是 DHC 营销体系的一部分，旨在提升品牌形象，促成购买。通过传统媒体、形象代言人提升品牌形象和品牌可信度，对于新产品而言是核心和关键；网络的病毒营销能够将传播的点放大，投入1 分钱的成本看到的也许是 10 分钱的效应；通过体验营销的方式，直面消费者，用产品去改变消费者的消费观念；一旦能够建立品牌信任，DHC 很有可能在这个消费者影响范围内传播开来，会有更多的人申请试用，更多人尝试购买；最终用 DHC 的会员 DM 杂志将用户和品牌紧紧捆绑在一起，不断关注和提醒消费者，自然会促成更多的购买决策并传播影响。

从以上的分析可知，营销策略对 DHC 最大的促进有三方面：一是降低了营销成本；二是大幅度提高了品牌占有市场的速度；三是消费者通过互联网对潜在消费者产生有效的影响。

这个案例可以引起我们很多的思考：一方面是传统企业如何摆脱单一的广告轰炸，抓住消费者的心态，利用互联网新媒体工具进行有效的营销推广；另一方面，消费者的心态和消费交流的欲望，本身也是一种非常有价值的需求，能使整合营销的转化十分便利，进而帮助品牌凝聚精准用户的产品需求。事实证明，由单一广告轰炸向优化组合的整合营销转化，是现代企业应该而且必须做的事情。

☞整合营销的"整合"方式

整合就是把事物有机地结合在一起，使看起来无意义的事物变得有意义。整合营销一般包含两个层次的整合，一是水平整合，二是垂直整合。

水平整合包括三个方面，如表2-3所述：

表2-3　水平整合三大方面

水平整合	实施细则
信息内容的整合	企业的所有与消费者有接触的活动，无论其方式是媒体传播还是其他的营销活动，都会向消费者传播一定的信息。企业必须对所有这些信息内容进行整合，根据企业所想要的传播目标，对消费者传播一致的信息
传播工具的整合	为达到信息传播效果的最大化，节省企业的传播成本，企业有必要对各种传播工具进行整合。所以企业要根据不同类型的顾客接受信息的途径，衡量各个传播工具的传播成本和传播效果，找出最有效的传播组合
传播要素资源整合	企业的一举一动、一言一行都是在向消费者传播信息，应该说传播信息不仅是营销部门的任务，也是整个企业所要担负的责任。所以有必要对企业的所有与传播有关联的资源（人力、物力、财力）进行整合，这种整合也可以说是对接触管理的整合

垂直整合包括四个方面，如表2-4所述：

表2-4　垂直整合四大方面

垂直整合	实施细则
市场定位整合	任何一个产品都有自己的市场定位，这种定位是在市场细分和企业的产品特征的基础上制定的。企业营销的任何活动都不能有损企业的市场定位
传播目标整合	有了确定的市场定位以后，就应该确定传播目标了，想要达到什么样的效果、多高的知名度、传播什么信息？这些都要进行整合，有了确定的目标，才能更好地开展后面的营销工作
4P整合	其主要任务是根据产品的市场定位设计统一的产品形象。各个"P"之间要协调一致，避免互相冲突、矛盾

续表

垂直整合	实施细则
品牌形象整合	主要是品牌识别的整合和传播媒体的整合。名称、标志、基本色是品牌识别的三大要素，它们是形成品牌形象与资产的中心要素。品牌识别的整合就是对品牌名称、标志和基本色的整合，以建立统一的品牌形象。传播媒体的整合主要是对传播信息内容的整合和对传播途径的整合，目标是以最小的成本获得最好的效果

上述两个层次的整合，是企业对不同来源、不同层次、不同结构、不同内容的资源进行识别与选择、吸取与配置、激活和有机融合，使其具有较强的柔性、条理性、系统性和价值性，使其创造出价值并增强企业竞争优势。

总之，整合营销是一场革命，整合营销意味着变革。不论如何变革，已经达成的共识是，变革是必要的。与时俱进的整合营销，必须在创造强力品牌概念方面更加具有战略性，实现企业战略；必须重点关注与客户接触的全过程，引领全面的客户体验，与强力品牌概念结合起来；必须以能向大量客户进行营销的方式提供适合客户需要的定制型客户体验。

企业组织变革：为适应市场要求，企业内部组织必须优化升级

伴随外部环境的剧烈变化以及信息技术的不断发展，关于组织结构的理论和概念层出不穷：集团总部定位、事业部制、职能型组织结构、客户型组织结构、矩阵式组织结构、网络式组织结构等不断涌现，组织结构的实践则更加丰富多彩，从战略变革到流程再造，无不涉及组织结构的调整与优化。但现实不容乐观，企业常常陷入组织结构的困惑，比如，面对不同的组织模型，不知如何选择；设计了看似完美的组织结构，却难以实施；仅仅改头换面，换汤不换药。这迫使我们反思：是企业战略不清晰、企业执行力不够、

整体人员素质不高？还是对组织结构的认识不足？

战国时期的田忌与齐王赛马，约定每胜一马得千金，各按马力强弱，以强、中、弱的先后顺序较量，田忌的三匹马都略逊一筹，一败涂地。有一天又赛，田忌一改常策，以弱、强、中的出场次序对齐王的强、中、弱三马，终以一负两胜赢得千金。故事告诉人们要掌握系统优化的方法，学会优化结构，使系统与整体功能得到最大限度地发挥。

整体和部分的关系，在一定意义上就是系统和要素的关系。整体的功能不是部分的简单相加，当部分、要素以合理有序的结构形成整体时，整体就会具有全新的功能，整体的功能就会大于部分功能之和，达到"1 + 1 > 2"的优化效果。否则就会削弱整个整体功能的发挥，这就要求人们掌握系统优化的方法，学会优化结构，使整体功能得到最大的发挥。这种思维对企业组织的变革与优化具有指导意义。

企业组织变革的基本目标是适应市场要求，具体来说是使组织更具环境适应性，使管理者更具环境适应性，使员工更具环境适应性。为此，优化企业组织应采取以下步骤，如图 2-1 所示：

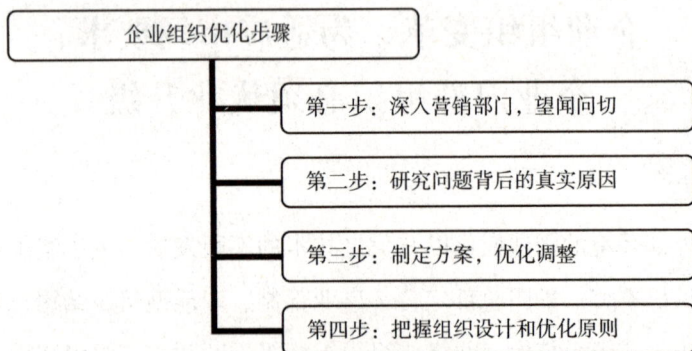

```
┌─────────────────┐
│  企业组织优化步骤  │
└─────────────────┘
        │
        ├──┤ 第一步：深入营销部门，望闻问切 │
        │
        ├──┤ 第二步：研究问题背后的真实原因 │
        │
        ├──┤ 第三步：制定方案，优化调整 │
        │
        └──┤ 第四步：把握组织设计和优化原则 │
```

图 2-1 企业组织优化四大步骤

☞第一步：深入营销部门，望闻问切

这一步主要是通过各种方式了解营销部门存在的各种问题，以及产生这种问题的原因。主要采用深度访谈、流程跟踪和对比研究的工作方法。

通过深度访谈，营销人员便于道出内心深处的担忧和自己工作中存在的障碍，以及部门负责人及员工自己认为产生这些的原因。在流程跟踪上，从客户首次介入的信息开始，从报价到生产出运等过程进行全程的信息跟踪，重点在于各个节点转换的过程和控制方法。最后，对部门组织结构、岗位职责和流程文件进行研究，并与访谈和跟踪的内容进行比较分析。对于以上工作过程中的信息，都做详细记录和分类，以为后期的调整优化工作寻找事实支撑。上述这些工作可对营销部门的整体问题有一个全面的掌握和清晰的认识，也能为下一步制定针对性调整方案奠定基础。

☞第二步：研究问题背后的真实原因

通过望闻问切，对营销部门的现状和问题有了基本掌握，但那些现象还不足以提供实质性的解决方案。这一步要做的就是对以上发现的现象和问题进行梳理、归类和深度挖掘，找到这些问题背后的真实原因。对于以上深入营销部门通过各种方式获取的诸多问题逐条进行研究，并且多问几个"为什么"，通过这种方式将产生这些问题的原因归结到结构问题、效率问题、效益问题以及管理问题四个方面。找到了这些问题也就找到了解决问题的方向。

在这个过程中应该把握好两个方面的问题：一是要充分利用好公司高层领导和部门中的老员工，这是因为根据现象推导出的背后原因可能存在偏差，而这些领导和老员工对企业的发展历史十分熟悉，可以提供很好的建议；二是最终总结出的真实原因要上升到一定高度，原因最好不要太多，否则将陷入琐碎的具体事务无法从根本上解决问题。

☞第三步：制定方案，优化调整

问题找到了，原因也找到了，下一步就是要着手制定可执行的优化方案。

但这个阶段一定不要认为解决问题已经是水到渠成之事，为什么呢？这主要是因为习惯的力量。营销部门的员工按着以前的操作方式也可以开展工作，而且自己得心应手，为什么要改变呢？这也是优化组织过程中经常遇到的障碍，领导已经接受了方案，但基层却执行不了，最终不了了之，也不能给客户带来任何价值。所以，组织优化方案还必须考虑到基层的接受程度。

首先，经过第一阶段和员工的广泛接触，对其担忧和心理已经有了基本掌握，方案中在从一定高度解决问题的同时，在细节上要让员工感觉到对自己有利的方面。从流程的角度来梳理其部门和岗位设置，让岗位朝着专业化的方向发展，这样就做到了职责清晰，避免出了什么问题都是部门负责人的问题的情况。其次，结构设置方面基于流程的专业化，不同的节点由不同岗位的人员完成，这在一定程度上减轻了员工的工作量。在具体工作内容方面，把不必要的、重复的部分进行合并和简化，保证大家在正常上班时间做完本职工作，不再加班。最后，根据公司需要设计员工的发展平台和上升路径，让员工清楚自己的发展方向，以便规划自己的职业生涯。通过这项工作，员工明确了自己的发展空间，企业也增强了凝聚力，从而可以有效解决人员流动大的问题。

☞第四步：把握组织设计和优化原则

组织设计和优化必须把握好五项基本原则：一是精简高效原则，要求机构精简、职能清晰、办事效率高；二是扁平化原则，要求流程清晰、结构层次少，反应迅速；三是责、权、利相统一原则，要求职责、权限、利益、管理统一；四是分工与协作原则，要求分工清楚、任务明确、协作有序；五是集权、分权原则，要求各项命令指挥有序、权力落实层层分明。

总之，随着国内经济秩序逐步稳定，市场竞争形势变得更加有序且激烈，企业必须冷静地分析内部组织结构的弱点，实现管理流程的再造，不断优化企业组织结构，让企业走得更快、更远。

增强服务意识：降低企业成本，
实现内部服务市场化

服务意识是指企业全体员工在与一切企业利益相关人或企业的交往中所体现的为其提供热情、周到、主动的服务的欲望和意识。服务意识可以为企业降低成本，创造价值。在注重消费者需求的大环境下，服务意识变革的有效途径就是在企业内部实施服务市场化改革。

☞ **内部市场的概念**

所谓市场，一般是指商品交换的场所，也指商品交换的总和。所谓内部市场，是在企业内部借用市场经济的一般规律，解决行政手段和思想政治工作无法解决或解决不好的管理问题。但由于加了"内部"二字，又有其特定含义：其一，市场的范围不同，内部市场限定在本公司所辖范围之内，包括与其相关联的多种经营企业；其二，市场主体不同，内部市场主体是本公司的下属单位和个人；其三，价格形成不同，内部人格不是由供需关系形成，而是由公司管理部门根据现有的管理水平与同类型企业的先进水平相结合，制定的各种内部价格，在一定时期内价格相对固定；其四，交易结算方式不同，内部市场是在公司内部银行采用内部票据结算，避免了重复纳税，也就是不增加公司总体税负的前提下进行的交易。

内部市场的特点：一是利用市场经济的价值规律，以价格为纽带，统一价格、统一结算方式，将企业内部上下工序之间的关系和服务与被服务之间的关系由行政关系变为等价交换的经济往来关系；二是用价格结算的方式解决用人多少和各个生产环节的各种矛盾；三是个人收入上不封顶，下不保底，从而最大限度地挖掘人、财、物的潜力，实现企业效益的最大化；四是克服了国有企业内部组织机构臃肿、缺乏活力的弊端，降低了成本，提高了企业经济效益和竞争力。

内部市场的优势：一是有利于增强全员的商品经济意识，使企业全面进入市场参与竞争；二是责、权、利落实到每个员工身上，使得员工收入高低与其产品质量、材料消耗等联系起来，破除平均主义；三是干部职工都要参与竞争，形成干部职工能上能下的格局，必然迫使更多的行政管理人员向生产一线转移，市场化经营，灵活性大，吸引力强，行政管理人员转向生产第一线，不仅可以施展才华，而且可以增加收入；四是集权制转向分权制，可以将领导从繁重的日常事务管理中解脱出来，集中精力考虑事关企业全局的战略性问题；五是有利于企业产权制度的改革。

由上述分析可知，内部市场是不完全的市场，带有内部保护性质，具有排他性，采用内部市场化运作，既可充分发挥市场的特殊作用，又可最大限度地保护企业的自身利益。

☞**某施工企业变革服务意识的实践**

某施工企业在内部市场化过程中，致力于全体员工服务意识的变革，采取有力措施，实现了内部服务市场化改革。下面结合这家公司的实践，来解读如何进行内部服务市场化改革。如表2-5所述：

表2-5 企业内部市场化措施

方法	内容	案例
抓教育、提升全员服务意识	要增强职工队伍的服务意识，首先要提倡"心到、眼到、手到"。如果一个职工心里想不到服务的话，他的眼睛里就不会发现服务需求，他的行动也就不会到位	该公司上下组织了一场"市场在哪里？服务是什么？我们怎么办"的大讨论。通过讨论，大家清楚了公司当前面临的困境以及为走出困境应努力的方向，明确了当前内部市场树立服务品牌意识的重要意义，确立了只有出色的服务才能使企业具有强大的竞争力；同时以开展的"加快有效发展、构建和谐企业"主题教育及"创先争优"主题实践活动为契机，引导公司职工开展"三个转变"，即"变被动服务为主动服务、变应付式服务为贴心式服务、变粗略服务为精细服务"，努力构建和谐的甲、乙方关系

方 法	内 容	案 例
抓培训，从基础服务转向知识服务	服务并不是一个全新的理念，"以市场为导向、以客户为中心"、"顾客就是上帝"等耳熟能详的标语式理念实际上都是服务的浅层表达。事实上，真正能够提升市场竞争力的服务应该扩展到对设计缺陷的纠正、对降低能耗的建议、对操作便捷安全的考虑等"一揽子"方案的妥善解决，这也就是从基础服务向知识服务的转变	为了实现从基础服务转向知识服务的转变，该公司采用"送出去、请进来"的方式，对技术人员进行了"三步式培训"，即基础能力培训、延伸能力培训和创新能力培训。基础能力培训侧重于电气施工技术的强化；延伸能力培训则侧重于扩展技术人员的知识面，从勘察、设计知识，到设备、材料知识，通过培训使技术员具备了更宽、更强的服务能力；创新能力培训不言自明侧重于培养技术人员的创新能力，力图使技术人员具备更富竞争的服务潜能
抓细节，拓展服务的深度和广度	服务水平的高低和服务竞争的成败有时候并不取决于用户问题的最终解决，而是取决于细节。比如维修人员自带的鞋套、水杯，富有亲和力的微笑和不争辩的素养等	该公司领导班子在提升服务能力的基础上，进一步抓住服务细节，充分挖掘服务的内涵，拓展服务的深度和广度，积极从细微处着眼，想方设法解决在检修中发现的问题，针对变压器上盖淤积的油泥，组织大家献计、献策，最终确定了设备清洁的方案，并在检修中取得了满意的效果，光洁如新的变压器盖板给了甲方一个意外的惊喜。此外，公司施工人员开动脑筋，买来软毛刷，顺利地清理干净了设备的角落里的细碎导线断头。正是这种关注细节、主动替甲方解决问题的服务态度，使该公司一直能牢牢占据春检工程的大部分工作量
定标准，确保服务水平稳定、规范	服务是人的服务，而人的文化程度、性格、素养、沟通能力都有一定的差异性，相同的服务理念由不同的人执行，就会体现出不同的服务效果	该公司作为施工企业，要在持续的服务行为中得到甲方、业主稳定的认同，就必须将服务行为制度化、规范化。为了尽力保持服务水平的稳定，该公司领导班子提出了"态度、角度、深度"的服务标准，即服务的态度要友好热情、角度要换位思考、深度要尽力挖掘。服务是无形的，有时候可能做了大量的工作却体现不出来，需要管理者能够忍受在不断的服务投入中却看不到直接的收益、在付出了全部的诚心后用户还在抱怨的局面，甚至还要面对来自企业内部员工的压力。但该公司领导班子坚定不移地把做好服务作为提升企业竞争力，稳定、拓展内部市场的战略手段，并坚信优质的服务必将给公司带来丰厚的而且是长远的市场回报

综上所述，推行内部市场，是深化改革、加快经营机制转换的有效途径；是加强企业管理，提高经济效益的需要；也是与社会大市场接轨的客观要求。现实中很多企业内部服务市场化改革的实践并不成功，所以该公司的方法值得每一个企业深思。

第三章 全员赢销战略下，企业经营战略的转变与定位

全员赢销战略下，企业经营战略的转变与定位，需要做好如下几方面的工作：企业由"管理"向"服务"转换；把"渠道成员"变成"战略伙伴"；由市场营销模式向社会营销模式转变；建立全员赢销的价值传递系统。

企业由"管理"向"服务"转换

按照经济形态，农业经济、工业经济之后是服务经济，最高发展阶段是体验经济。现在许多发达国家已经进入服务经济阶段，我国严格说是准服务经济阶段，或者是向服务经济过渡，但服务经济的时代特征正在大量涌现。有人对此形容说："人人都是服务员，行行都是服务业，环环都是服务链，个个都是文化人，处处均显文化味。"由此可见，企业向文化自觉观念突围，自我反省，自我创建，由"管理"向"服务"转换，已成为时代的召唤。

服务转型势不可挡，成为当今的热点、焦点和亮点，是所有行业不容回避的新课题、新机遇。国际著名企业如 IBM、惠普、通用电气等已经积累了服务转型的成功经验，服务已经成为这些企业收入和利润的主要来源。国内企业如中国电信、中国移动、联想、华为等也开始了服务转型的艰辛探索。其中，作为从制造业向服务转型的代表性企业，IBM 走过了漫长曲折的变革之路。

☞**IBM 的服务转型之路**

IBM 是国际商业机器公司或万国商业机器公司的英文简称，总公司在美国纽约州阿蒙克市，1911 年由托马斯·沃森创立，是全球最大的信息技术和业务解决方案公司，拥有全球雇员 30 多万人，业务遍及 160 多个国家和地区。

这家曾以各类电脑主机为主要产品的企业在 20 世纪 90 年代初期遭遇多重危机。一方面，IBM 面临着内部管理问题。对客户需求的认知不足、组织僵化，导致其服务组合不能反映市场需求，同时服务合约的收入和利润没有满足预期。另一方面，市场迹象显示客户不再满足于传统的软硬件产品，导致核心市场的利润下滑，同时硬件及相关服务日趋商品化，市场份额遭到新竞争对手的不断蚕食。因此，IBM 遭遇了连续 3 年的亏损，总额高达 160 亿美元，并面临被拆分的危机。

此时临危受命的 CEO 郭士纳敏锐地发现了一个契机，即面对市场上涌现的大量产品提供商，客户更期望整合——需要有人来帮助他们把功能单一、分离的系统连接起来。IBM 的转型之路由此切入，转型的目标是：扩展服务组合方案，深入客户关系管理；通过网络驱动的交易和电子交付产品减少客户成本；深化服务合作伙伴关系；部署新的客户关系模式和自动化技术以加深对客户需求的理解，提升产品和服务的可用性，最终为客户提供整合式、随需应变的解决方案，为客户带来更多的价值。

IBM 本来的供给组合多为单点式或捆绑式方案，将自身的软硬件产品和服务单独或捆绑起来销售，面对的客户主要是部门经理和终端用户；在提出"随需应变"的战略方向后，IBM 更致力于帮助 CEO 等高层客户解决那些影响业务价值的问题，如增加收入和利润、减少人工成本、管理资金及固定资产投资等。

通过坚持不懈的努力，IBM 赢得了许多战略型服务合同，如服务于宝洁公司的为期 10 年、价值 4 亿美元的全球协议。根据合同，IBM 为近 80 个国家的近万名宝洁雇员提供整体性的员工管理服务，包括工资管理、津贴管理、补偿计划、移居国外和相关的安置服务、差旅和相关费用的管理以及人力资源数据管理，还为宝洁的人力资源系统提供应用开发和管理服务，帮助其专注于其核心业务。

对于 IBM 的转型之路，郭士纳总结道："我在服务和产品公司都工作过。毋庸置疑，服务业务更难管理，管理服务流程所需的技巧是很不同的。业务模型不同，整个经济情况也很不同。这是一种你无法轻易获得的能力。你需要在时间和资金上面投入多年的赌注，才能获取通往成功之路的经验和规律。"

☞企业如何过渡到服务型企业

企业从"管理"到"服务"，看似两字之差，实则是一场思想的解放、理念的革命，道阻且长。就社会管理来说，本质是对人的管理和服务，管理只是手段，服务才是目的。所以，企业要从"管理"转向"服务"，必须做好以下工作，如表3-1所述：

表3-1 从"管理"向"服务"转型的要点

策 略	实施细则
提供差异化增值服务	站在客户的角度去思考，去寻找客户需要的服务，然后提供差异化服务，从总体上提升客户的产品拥有体验。服务项目既可以面向消费者，也可以面向企业客户。增值服务不再单纯的是产品保障服务，而是能提高产品差异化的服务，以此来牢固地锁定客户。企业的盈利也不再仅依靠产品一次性的销售收入，而是通过服务获得持续的现金流
采取专业服务模式	是将制造企业领先于市场的研发、供应链、销售等运营能力向外延展为服务，提供给其他企业。这种"纯粹"的服务表现为企业服务团队的项目实施，其价值包括提供独特的运营能力，如高新技术转让服务；或提升客户企业的运营效率或降低运营成本，如各种外包服务。该模式的收入源于服务的项目佣金而非产品销售

策　略	实施细则
提供服务导向的解决方案	能够提供服务导向的解决方案的企业已不再是产品提供商而是解决方案提供商，以服务为公司的核心竞争力。企业着力于挖掘和洞察客户的潜在需求，利用强大的服务体系帮助客户解决复杂的问题，交付给客户"一揽子"、"一站式"的解决办法和实施成果，从而为客户创造更多的价值

总之，管理以自我为中心，要求别人听你的；服务以客户为中心，要求自己听客户的。一家企业能不能做好，能不能做大，关键取决于企业的服务态度、服务意识和服务能力。从过去的管理人转化为现在的服务人，只有懂得服务顾客的企业，才能做强做大，越做越好。

整合营销渠道，把"渠道成员"
变成"战略伙伴"

在某市，曾经有七家大商场联合拒售厂家产品的事件发生。事出何因？商家和厂家各有说法。商场说：该产品质量差，售后服务跟不上，严重影响和拖累了商场的声誉和收益。厂家说：我们产品的质量和服务均是全国一流的，产品市场占有率高达35%，明年可达45%。事实真相是什么呢？业内人士称，真正的起因是厂家对该市的各个经销商"政策"不同，其销售政策使这七家商场只能享受到微利，商家与厂家交涉未果，于是就出现了这一"串谋"行为。这一事件给厂家品牌带来了严重的负面影响。

如何消除这种渠道冲突？如何让制造商、经销商和终端成为一个利益共同体？答案是：整合营销渠道，把"渠道成员"变成"战略伙伴"。

☞宝洁和中国经销商"一起跳舞"

山西大同实业集团公司与中国宝洁的合作始于1994年，到2000年该公司已经在太原、大同、临汾、运城等七个城市成为宝洁的经销商，产品的年销售额也从最初的 400 万元发展到超过 7000 万元，成为宝洁在山西的最大经销商。

从 1996 年开始，宝洁公司针对中国市场大型零售终端快速发展的情况调整了分销策略，将超市作为宝洁公司的直供客户，跨过中间商，直接与零售终端合作。宝洁公司的这种策略性调整使所有宝洁经销商面临着终端超市和厂家的双重压力，经销商该向何处去？众多经销商陷入了迷茫。

为帮助经销商迎接新的挑战，全面推进宝洁公司的渠道管理，宝洁公司在 1999 年 7 月推出了"宝洁经销商 2005 计划"。计划指明了经销商的销售定位和发展方向，详细介绍了宝洁公司帮助经销商向新的定位和发展方向过渡的措施。

在计划中，宝洁公司指出，经销商的未来发展定位是现代化的分销储运中心、向厂商提供覆盖服务的潜在供应商、向中小客户提供管理服务的潜在供应商。宝洁公司的策略是建设由战略客户组成的经销商网络，宝洁的经销商必须将宝洁的生意置于优化发展的地位，战略性一致是经销商与宝洁共同发展的关键。

根据上述原则，在 1999 年上半年，宝洁将经销商数目削减了 40%，同时推出 14 天付款优惠条款、600 箱订单优惠条款、核心生意发展基金等措施，改善经销商的生意环境，使宝洁战略性客户获得了极大的信心。同时，宝洁投资 1 亿元人民币，用于经销商信息系统建设和车辆配置，逐步使经销商运作实现初级的现代化，经销商与宝洁及其下游客户实现初级电子商务；宝洁公司还建立了多部门工作组，向经销商提供全面的专业化指导，以全面提高经销商的管理水平和运作效率，提升经销商的竞争能力。

宝洁公司认为，经过这一系列的措施，经销商和宝洁一起经历了深刻的变革，经销商获得了成长，重要的是经销商和宝洁达成的战略性共识和全面协作，将帮助宝洁实现最终的胜利——实现分销管理和运作的现代化，全面提升经销商的市场竞争力。

宝洁中国公司的案例给我们提供了一个有力的启示：整合营销渠道的关键是要和经销商达成战略上的一致，实现长期的稳定合作。虽然不是每个制造商都如同宝洁公司一样拥有巨大的品牌号召力，但宝洁的案例确实提供给我们一个可以遵循的途径和思想方法——发展与经销商的长期战略伙伴关系，把"渠道成员"变成"战略伙伴"，而不再仅仅是客户和交易对象。

☞把"渠道成员"变成"战略伙伴"的途径与方法

当企业的生产与管理成本已经没有可挖掘的潜力时，渠道系统可能还是一个可以挖掘的金矿。伙伴型营销渠道可以为我们带来优势：渠道成本的节省和渠道风险的降低；渠道物流、资金流和信息流的改善；良好的渠道控制；减少或消除渠道冲突等。由此可见，谁能首先投身"渠道革命"，改善企业的渠道关系，强化渠道管理，增加渠道的产出效率，提升渠道的竞争力，谁就会掘得第一桶金。

那么，如何把"渠道成员"变成"战略伙伴"呢？可以采取以下选择途径和方法，如表3-2所述：

表3-2　如何建立"战略伙伴"关系

途径和方法	实施细则
从改变观念开始	伙伴型营销渠道的构建应该从改变传统思维开始。厂、商关系本来就是一个唇齿相依的，而不是被割裂的两个利益主体。对企业来说，经销商不仅仅是企业的交易对象、企业商品的销售者，更是企业的发展战略伙伴，帮助你的经销商和企业共同发展将会使企业获得更大的竞争优势
从现有的交易伙伴开始	伙伴关系需要双方充分的了解与相互信任，在此基础上才可能发展双方的共享机制并达到共同的远景目标。对于还没有建立起伙伴关系网络的厂家来说，从已经建立了交易关系的经销商中选择合适的伙伴，构建较浅层次的伙伴关系，再逐步深入发展双方的合作关系是一个自然的选择和发展过程。这是从传统的渠道模式向伙伴型渠道模式过渡的基本途径

续表

途径和方法	实施细则
从支持厂家的经销商开始	从传统的渠道关系向伙伴型渠道过渡，首先需要发展双方的相互信任，让经销商觉得你是一个可以信赖和依赖的合作伙伴。所以，企业首先应该表现出合作的诚意，支持你的经销商与企业共同发展，针对企业和经销商的关系进行必要的投资，在这个支持的过程中逐步建立与经销商之间的"双边锁定"关系。此外，通过人力资源和销售制度建设，对经销商的支持一样可以取得良好的效果
从培训经销商开始	我国现有的经销商队伍是以个体户为基础发展起来的，整体素质不高。因此，需要对经销商进行培训，这是厂商双方关系长存、利益共享的基础。这种对经销商培训的投入是建立伙伴关系的重要方面：一方面，通过培训可以提高经销商的整体素质，以适应企业的发展；另一方面，通过培训向经销商注入企业文化，可以保证双方战略上的一致。对经销商的培训实际上是对分销伙伴关系特定型投资的一种重要形式。它不仅体现了企业改善渠道关系，发展与经销商战略合作的诚意和决心，更在培训过程中将企业文化潜移默化地传递给经销商，这为双方深入发展合作关系，实现企业间的深度整合创造了条件
从新产品的上市开始	传统的渠道中，由于渠道成员关系的松散性，渠道成员在渠道合作中寻求的是各自利益的最大化。这表现在对所经销或代理的产品，经销商都愿意代理名牌、畅销的产品，而对存在一定市场风险的新产品不感兴趣。这正是企业重塑渠道系统的良好机会。企业可以通过这个新产品选择有合作潜力的经销商，力求就这一新产品建立起一个全新的渠道关系，然后再将这种关系逐渐向整个系统进行推广，剔除不合适的经销商，引进具有合作潜力和价值的分销伙伴，使整个渠道系统实现从传统关系转向伙伴关系
选择并评价交易伙伴	这是建立伙伴型营销渠道的重要一环，因为只有合乎制造商标准的经销商才可能发展成为企业的分销伙伴。要建立长期合作的伙伴关系，对经销商的评价除了常规的标准外，要着重对经销商的信用和财务状况、声誉、企业文化与价值观、管理能力及其连续性、销售能力与销售绩效等方面进行考察和评价。通过一系列的考察、了解之后，企业会确定一个可以进一步发展合作关系的名单，接下来的工作就要在双方共同的合作意愿的基础上发展双方的共同愿景和信任机制，为建立伙伴关系打好基础
签订"一揽子"合作协议	伙伴关系双方在发展共同愿景目标和相互信任的基础上，就应对合作中的一些相对具体的问题共同做一个详细的计划，以便于合作各方在以后的协作中遵循。这些计划包括以下方面：明确双方的权利和义务；建立共享分配机制；确定决策和协调程序

续表

途径和方法	实施细则
关系网络的运行与磨合	当一切工作做好以后，关系网络可以投入运行，在运行中不断地发现问题并及时协商解决，使伙伴关系网络不断完善。在运行之初，可以采用互派联络员或分销伙伴助理的方式，在联合促销、联合库存管理支援、有目的的培训等方面打破组织间的界限，互相协助开展工作，逐渐达到组织之间各个层次的整合，提高伙伴关系网络的运行效率

需要说明的是，把"渠道成员"变成"战略伙伴"不是一朝一夕就可以完成的，当然，不同的企业从传统渠道向伙伴型渠道过渡的方式不同，方法也是多样的，企业应根据自己企业的实际情况，正确选择变革途径。总之，这是一项长期工作，企业必须谨慎对待。也许对于绝大多数企业来说，摒弃传统的竞争与合作观念，重新认识厂、商关系才是现在需要做的第一件事。

整合营销模式，由市场营销模式
向社会营销模式转变

中国市场营销经过 30 多年的发展后，已经显示出强大的活力。随着消费观念的转变，消费者的消费行为理性回归，社会责任感加强，市场营销将迎来一个全新时代——社会营销时代。社会营销是对市场营销模式的一种整合，是对市场营销的重要修改、补充与延伸。由市场营销模式向社会营销模式转变，体现了社会的进步和人们思想意识的提升。

社会营销是一种运用商业营销手段达到社会公益目的或者运用社会公益价值推广商业服务的解决方案，它促使人们将市场营销原理应用于环境保护、计划教育、改善营养、使用安全带等具有重大推广意义的社会目标方面。在这方面，贝因美"社会营销"案例堪称经典。

☞贝因美的社会营销

贝因美为了把"育婴工程"作为营销的主要内容和支撑点全面铺开，首先进行了概念定位。在内涵上，贝因美明确提出："人类个体素质的提升必须从婴幼儿时期抓起——更确切地说，应该从孕育新生命时开始。这就涉及贝因美育婴工程所倡导的'生育、养育、教育'三个层面。科学的育婴不仅关系个体获得成功人生，更关系到家庭幸福，乃至民族的前途与未来，是一项任重而道远的事业。"在这里，贝因美不仅率先把育婴工作提升到前所未有的系统的、科学的、民族历史的高度，而且把这样的工作看作是社会一分子的企业的任务所在。从外延上，贝因美人清楚地看到，对消费者需求的真正了解和满足，对消费者利益的切实关注，对社会利益的真正契合，就是一个企业在市场竞争中的内功，因为企业是社会的企业，资本的力量再强大，也必然受制于社会的力量。如果符合社会的利益取向，甚至引导社会的利益取向，就相当于借到了一个巨大的力量，有了和国外资本抗衡的可能。

这种概念定位，从一开始就超越了与那些仍把注意力放在对产品狭义的广告和宣传上的同行们的竞争，非常自然地树立起了"育婴专家"的大旗，达到了一个更高的高度，必然在营销的一系列的推广运作中更加有效，真正达到了四两拨千斤的效果。

为了倡导优生，贝因美做了大量的工作。贝因美创始人谢宏在其编著的《育婴指南》一书中用了近1/6的篇幅来进行科学的指导，包括生育科学知识的基础化传播；父母的思想物质上的准备；受孕时机的选择；胎教及安全生产等方面的内容，给了准备生育的父母以切实科学的帮助。同时贝因美还在全国与医疗机构以及计生系统联合建立了20多个产前筛查点，从孕妇群体中发现先天缺陷的胎儿，有效地将先天缺陷儿的出生率降到最低限度，积极参与人口素质工程。

为了倡导优养，贝因美首先从观念上着手，提出了"断奶期革命"、"断奶事关一生健康"的理念，在各种场合宣传育儿科普知识，吸引更多的人关注断奶期婴儿的营养健康问题。后续的宣传和推广积极推进：免费发放了《婴幼儿喂养手册》1000万份；创建中国育婴网；开始建立中国育婴书库，编辑出版中国第一部成功学育婴专著《育婴指南》；经常在媒体上开辟育婴知识专栏，系统介绍育婴常识；建立咨询服务中心，开通"贝因美"800免费咨询电话，还与其他机构合作，开设咨询窗口，免费为消费者服务。

为了倡导优教，贝因美创建自己的科学的早期教育理论，用"意识发生论"来指导教育，帮助父母成功把握孩子早期教育的关键期。贝因美与上海四平路街道妇联共同创办第一所贝因美亲子学校；与浙江省妇联联合举办全省贝因美家庭教育知识竞赛，发放试卷66万份；还以意识发生论为基础编写了科学先进的早期教育论著，以会员通讯的方式免费发放，旨在切实提高我国的早教水平。一系列的努力逐渐帮助家长们建立起了科学养教的观念，获得了良好的社会效应并取得了巨大的社会反响。

贝因美在优生、优养、优教三个方面的巨大投入和努力，与其说是一种营销活动，还不如说是一种社会活动，在其中几乎看不到商业运作的气息。贝因美以切实帮助中国的婴幼儿健康成长为宗旨的"育婴工程"在生育、养育、教育三个层面上的充分展开，真正成为年轻父母们的好帮手和好伙伴，帮助消费者建立了独立的判断力，也为我国婴幼儿的科学养育做了不少的实事，并使定位在"育婴专家"上的贝因美品牌日渐凸显，日渐丰富，日渐深入人心，具有相当的市场号召力。在实际运用中体现了社会营销的精髓，真正说明了社会营销意义所在。

通过"育婴工程"的正确定位和全面展开，贝因美品牌已经日渐深入人心，但既然是一种企业行为，最终需要考虑的仍然是如何现实地让"育婴工程"的社会影响有效地转变为企业效益。成功的社会营销需要满足三方面的利益，即社会利益、企业利益和消费者的利益，"育婴工程"的全面打造已经形成了不小的社会影响，实现了巨大的社会效益，并拉动了品牌的提升。贝因美人认识到社会效益必须要和经济效益达成统一，才能真正地持续地满足并引导消费者的需要。否则，所有的对社会利益和对消费者利益的关注都将成为空中楼阁，不可能获得真正的持续的发展。

这时已经在市场竞争中获得了一席之地的贝因美又使出了一招绝对漂亮有效的招数，推出了育婴咨询服务特许经营计划，推广贝因美特许经营店。店内不仅经营贝因美的产品，而且囊括了孕妇、0～6岁婴幼儿不同类别的各大品牌的产品。针对人们初为人父母，渴求获取科学的育儿知识以及望子成龙的心理，贝因美在店内开展婴幼儿养护、早期教育等方面的咨询、培训且提供各项孕婴服务。培训育婴咨询专家坐堂咨询，提供育婴咨询服务，使得贝因美的育婴咨询服务专营店区别于其他单纯的经营婴幼（孕）用品和食品的专卖店，一方面成为贝因美更好地实施其"育婴工程"的窗口，另一方面，育婴工程的实施也为特许经营项目提供了一个极好的运作平台和发展机会。这种把服务社会的行为和经营行为结合起来的特许经营店有了和一般的专卖店不一样的内涵和意义，社会利益和企业效益的结合使得特许经营项目有了更核心的竞争力。

贝因美的成功就在于对社会利益的真诚关注上，这就是"通过符合社会利益的手段，来发现、引导、改变、满足市场需求，实现社会价值和市场价值之统一的营销行为"，贝因美的实践体现了社会营销的必然趋势，同时也印证了著名营销专家菲利普·科特勒的断言："注重社会利益是企业家走向成功的敲门砖。"

☞社会营销的优势

企业之所以应该实施社会营销，是因为它作为一种全新的营销模式，具有其他营销模式无法比拟的优势。事实上，这些优势也正是企业由市场营销模式向社会营销模式转变的指导思想和努力方向。

表3-3 实施社会营销的优势

优 势	内 容
社会营销是对市场营销的超越	市场营销观念优于生产观念、产品观念、推销观念是显而易见的。但在越来越多的工商企业采用市场营销观念指导生产经营并获得成功的同时，他们又忽略了市场营销观念的局限性，使消费者的切身利益受到侵害，社会公共利益得不到保障，可持续发展受到威胁。社会营销仍然是以盈利为目的，但社会营销不是仅通过满足顾客的需求取得利润，而是通过满足顾客需要，保护和增进顾客、社会利益取得利润。由此可见，社会营销观念是市场营销观念的扬弃，是迄今为止营销的最高境界
社会营销是道德营销	把消费者、社会、企业三者利益统一起来的社会营销实际上就是一种道德营销。市场经济不仅是法制经济，也是道德经济。道德化经营可使企业树立良好的公众形象，求得发展的有效途径。许多取得成功的著名企业如惠普等，无不以良好的道德形象闻名于世。中国企业要稳健发展，不仅要以开放的态度吸收西方商业文明的精华，同时应该努力挖掘传统文化的精华，走道德营销的道路。如先义后利、以义求利以及仁爱、重义、诚信等，无疑能为现代社会营销提供重要的思想资源
社会营销是绿色营销	绿色营销是社会营销的具体化。绿色营销就是把环境保护的观念纳入经营活动中，以满足消费者需要和保护环境为前提获得利润的经营观念。在分析市场环境和消费者的需求动机时，在选择目标市场和制定市场营销组合策略时，处处考虑环境因素，使自己的营销活动有利于生态环境，或者尽可能减少对环境的负面影响。秉持"天人合一"是绿色营销的最高原则。根据这一原则，企业在考虑投资意向、生产技术和设备时，就要详细分析当地环境的承受力，考虑企业营销活动对生态环境的影响和对人们生活的影响。在对消费者的考察中，要冷静地看待消费者的需求和购买动机。消费者的需要并不完全是合理的，尤其许多消费者在追求自己需求的满足时，常常忽视了对环境的保护。因此绿色营销既要满足顾客的需要又要考虑环境保护因素
社会营销有利可图	企业要把自己的利益与消费者切身利益、社会长远利益结合起来，在敬畏生命、关注人类未来的前提下获得利润。事实上，走社会营销之路不是做亏本生意，而是有利可图的。美国的安利公司注重环保，它所生产的清洁用品均有生物降解性能，不污染土壤和水源，公司全面停止使用破坏臭氧的氟氯碳化物，停止用动物实验，产品多使用浓缩配方，减少包装废料，因此获得联合国"环境保护成就奖"。安利的绿色形象为安利提供了无穷的财源。事实证明，主动关爱人类、关爱地球会抓住一个巨大的利润中心

总之，企业经营从"销售"到"营销"到"社会营销价值"的观念进步，与在现代社会市场经济发展中同人类对经济伦理道德和生态环境保护关

系的认识深化密不可分，谁能真正认识到社会营销的价值并采取行动，谁就能取得营销战略的主动权。社会营销应该成为有责任感的企业家的战略营销锐器，是企业发展的明智选择和必经之路。

建立全员赢销的价值传递系统

全员赢销的成败将对企业品牌塑造产生重要影响，而成败的关键则在于能否传递真正的价值。价值传递系统是从选择价值到提供价值过程中实现价值的传递，因此，企业在组织全员赢销活动时，需要以整体市场战略为基础，以消费者需求为导向，对活动进行精细化、价值化管理，从而创造出新的竞争优势。

选择价值

在全员赢销活动中，为消费者选择价值的过程就是进行市场分析、定位目标消费者及其利益诉求、市场环境风险预测的过程。

☞市场研究和分析

市场研究和分析包括市场调研和区域消费者行为调研两个方面的内容。

市场调研是指为了提高产品的销售决策质量、解决存在于产品销售中的问题或寻找机会等而系统地、客观地识别、收集、分析和传播营销信息的工作。其调研方法主要有以下几种，如表 3-4 所述：

表3-4 市场调研主要方法

方 法	实施细则
文案调研	主要是二手资料的收集、整理和分析。主要的渠道是网上资料搜索和图书馆等书籍信息搜索
实地调研	可分为询问法、观察法和实验法三种：询问法就是调查人员通过各种方式向被调查者发问或征求意见来搜集市场信息的一种方法。它可分为深度访谈、GI座谈会、问卷调查等方法，其中问卷调查又可分为电话访问、邮寄调查、留置问卷调查、入户访问、街头拦访等调查形式。采用此方法时应提醒属必要且被访问者有能力回答的问题，访问的时间不能过长，询问的语气、措辞、态度、气氛必须合适。观察法是调查人员在调研现场，直接或通过仪器观察、记录被调查者行为和表情以获取信息的一种调研方法。实验法是通过实际的、小规模的营销活动来调查关于某一产品或某项营销措施执行效果等市场信息的方法。实验的主要内容有产品的质量、品种、商标、外观、价格、促销方式及销售渠道等。它常用于新产品的试销和展销
特殊调研	特殊调查有固定样本、零售店销量、消费者调查组等持续性实地调查；投影法、推测试验法、语义区别法等购买动机调查；CATI计算机调查等形式

调研区域的选择在很大程度上决定着调查结果的代表性，更会影响到宏观决策的准确性，必须给予慎重考虑。调研区域的选定一般是与企业产品销售市场策略紧密相连的，在选择研究区域时，要参考以下原则进行：首先，要在企业目前所管辖的销售范围内选择。其次，参考本产品在各地区的市场表现来选择，譬如选择一些本产品表现好的地区，也选择一些表现一般或不好的地区；选择一些销售较为稳定的地区，再选择一些销售状况较严峻的地区。总之，要了解导致不同市场表现的原因，且对不同市场区域可以采用的不同策略。

区域消费者行为调研主要的调研内容有：消费者消费心理（习俗、偏爱、经济、好奇、便利、美观、求名等）和购买行为（习惯、理智、感情、冲动、经济、随意性等）调研；消费者的媒介喜好状态；消费者对行业或产品了解程度（功能、特点、价格、包装等）；消费者对品牌的认识、对本品牌及竞争品牌的态度及行为差异；消费者分布（地域、行业等）及特性（年龄、收入、职业等）。

☞**定位目标消费者及分析其利益诉求**

定位目标消费者及分析其利益诉求包括两个方面的内容：选择目标消费者；分析目标消费者的利益诉求。

目标消费者是参与全员赢销的员工在制定产品销售策略时所选定的消费群体构成。目标消费者应当是成功机会最大的消费者，因为目标消费者的数目与销售量密切相关。因此，选择目标消费者时，提出下列问题是十分有益的：消费者对产品的需求和渴望程度如何？利用不同的推销方法对消费者的影响效果如何？对于赢销人员来说，消费者是否容易接近？选择目标可以使参与全员赢销的员工将主要精力集中于自己最擅长的地方。目标消费者的选择与寻找是成功赢销的基础。重要的是，参与全员赢销的员工不仅要知道如何去做，而且要知道他为什么重要，只有选择与寻求目标消费者才能有效地利用时间。在许多情况下，选择目标消费者是决定员工业绩大小的关键因素。

消费者诉求是每一个参与全员赢销的员工不可缺少也是不容忽视的关键因素，尤其是目标消费者更不容忽视。只有注重分析目标消费者诉求，才能实现赢销。目标消费者诉求的分析主要针对如下问题进行：消费者在消费了本企业的产品之后感到满意的三个方面是什么？消费者在消费了本企业的产品之后感到不满意的三个方面是什么？消费者在消费了竞争对手的产品之后感到满意的三个方面是什么？消费者在消费了竞争对手的产品之后感到不满意的三个方面是什么？消费者有需要但是并未消费的主要原因或顾虑是什么？这些问题看起来非常简单，其实非常实用，这是参与全员赢销的员工都要考虑的事情。

☞**市场环境风险预测**

市场环境风险预测主要包括竞争对手分析和风险预测两个方面的内容。

在市场竞争日趋白热化的今天，不了解竞争市场情况，不了解竞争对手，就意味着没有胜出的机会。竞争研究的根本目标是通过一切可获得的信息来查清竞争对手的状况，包括产品及价格策略、渠道策略、营销（销售）策略、竞争策略、研发策略、财务状况及人力资源等，发现其竞争弱势点，帮助企业制定恰如其分的进攻战略，扩大自己的市场份额；另外，对竞争对手的优势部分，需要制定回避策略，以免发生损害企业的事件。

市场需求变化、经济形势与经济政策变化、科技进步、政治与军事、法律法规等因素，都会导致市场环境风险的存在。风险具有客观性、偶然性、可变性、投机性等特征，预测市场环境风险可以为赢销决策提供依据，也是规避风险不可缺少的一环，而不同风险类型需要不同的具体防范措施。

提供价值

在全员赢销活动中，为消费者提供价值包括两个方面：提供具有个性且性价比高的产品；提供人性化的服务。

☞为消费者提供具有个性且性价比高的产品

性价比是商品的性能值与价格值之比。消费者在购买某个商品之前或多或少都需要了解：商品品质好坏；价格高低，性价比高低。所以，许多消费者把性价比看成选购商品的重要指标。员工为消费者提供性价比高的产品，是"赢"得销售的先决条件之一。这里面其实就涉及一个介绍产品的技巧问题。

向消费者介绍产品的一般步骤：先介绍某类产品的功能，再介绍本产品的特点，接着将本产品特点与消费者关注的利益点联系起来，最后解答一些技术问题与售后服务问题。在向消费者介绍产品时，最难处是判断消费者的关注点或利益点。对此，一个好的业务员应该通过"望、闻、问、切"，巧妙地向用户和消费者销售产品。

望，就是观察客户，参与全员赢销的员工要能够识别消费者的层次、素质、需求、喜好等。闻，就是注重听消费者的叙述，给消费者表白的时间，耐心地听，高质量地听。消费者没有耐心为你多讲几遍，重要的地方反复强调，有些时候消费者甚至会有意无意地隐藏他的真实需求，这就更需要闻的艺术。问，就是参与全员赢销的员工充当策划师的角色，为消费者提供全面、准确、最适合的策划方案，如何做好这个策划，就需要多了解消费者需求，否则，就只能提供最好的，却不一定能提供最适合的。切，就是实际考察消费者的状况，从现实中了解。消费者的表白、回答都不一定是正确的，适当的时候，参与全员赢销的员工需要实地考察消费者的状况，比如装修，可能就需上门观察后再为其定装修方案。

☞为消费者提供人性化的服务

人性化服务，具体来说就以人为本，为消费者全心全意提供优质的服务，给消费者以人文关怀，从而有效提高消费者的服务满意度，最终到达提高效益的目标。

依靠服务手段，在竞争中求得胜利，站稳脚跟，求得自己的生存与发展，这是企业市场经济条件下的必然选择，亦是市场竞争的无情法则。因此，参与全员赢销的员工必须由传统的被动服务模式转变为主动服务模式，充分发挥人的主观能动性，挖掘内在潜力，时刻为客户着想，时刻以客户为中心。在具体工作中，要"主动抓，抓主动"，为广大消费者提供真正的服务，哪怕是一件很小的事情，满足了消费者一种特定的需要，就会赢得市场。只有这样，才是人性化服务，才是一种价值追求。

传递价值

传递价值是全员赢销价值传递系统最后的点睛之笔，事关整个系统能否实现惊险一跃，实现营销效果的最大化。所有的消费者都是聪明的，传递价值就是倡导尽可能抛开一切包装炒作，以实实在在的价值赢得消费者。

☞掌握产品核心价值

参与全员赢销的员工无法专精于自己销售的产品，不能找出其所销售产品的核心竞争价值，在市场中就缺乏强大的竞争力。产品的价值在于它对客户提供的效用，因此，专精产品不只是一个静态的熟记产品的规格与特性的过程，而是一个动态的过程。要不断地取得和产品相关的各种信息，从累积的各种信息中筛选出对客户具有最大效用，最能满足客户需求的产品，这样才能树立起所销售产品的竞争优势。在产品上下功夫，为客户进行专业推介时心里就不会发虚。

☞运用公关技巧传递产品核心信息

想要让客户了解你的产品与竞争产品的区别信息，更加深入地了解你的产品独特卖点和竞争力，就要为客户传递真实而有效的信息。这些信息的灌输需要参与全员赢销的员工展现自己优于同类竞争产品的信息及对消费者有益的价值，并且也要施展营销人员的公关技巧与技能。在这个过程中，如果不能有把握地发送信息，请把要向消费者沟通的信息变成文字写在纸上，记录想要进行沟通的内容，以便于工作时需要，但在这之前要熟记。这是在消费者心目中树立产品品牌的关键一步。

第四章　全员赢销的六大模式

营销是一系列的"过程"组成的，也是一系列的"活动"组成的，通过人人营销、事事营销、时时营销、处处营销、内部营销、外部营销这六大模块，可以实现"赢"的目的，即获得利润并与目标客户建立"健康长久的合作关系"。

人人赢销

企业中的每个人，都要有"赢"销意识，有服务意识，都要结合自己的工作，参与"赢"销活动，为客户服务，包括内部客户和外部客户。比如，通知员可以通过通知向客户宣传企业的产品，即服务，提货员可以通过为客户送货提货向客户宣传企业的产品，等等。人人赢销不仅需要"赢"的意识，更需打造"赢"的个人素质和能力。

☞踏实勤奋

对于销售工作者而言，人们总会用"他们是跑业务的"一句话给他们定了性。所以销售人员也就必须要有相应的意识，做业务不能偷懒，必须勤奋，该跑的一家都不错过，今天不行的明天必须重新来过，只有踏踏实实，才能有机会做好业务。事实上，做业务只要勤奋务实，就有成功的机会。

☞讲究诚信

曾几何时，很多人认为做业务者必须口若悬河、滔滔不绝、八面玲珑。在这样的认知下，很多从业者就进入了只要能做成业务可以不惜一切代价的怪圈，导致坑蒙拐骗层出不穷，出尔反尔到处都有。但是，"一锤子"买卖毕竟无法长久，于是很多人才开始恍然大悟，说话算话、讲究诚信才能得到更多人的认可！

☞构建关系

当企业经营行为和个人销售行为处于中国特有的大环境中时，社会生活中形成的庞大复杂的关系网络联系着每个人的喜怒哀乐和工作生活，于是聪明的销售人员发现了自己能力范围内解决不了的事情，可以通过那个看不见的关系网来解决。于是，善于构建关系网、维护人脉关系的聪明业务人员就如鱼得水般做好了业绩，功成名就。可见构建关系不啻为业务成败的一个关键因素。

☞精神利益

销售工作连接着生产方和消费方，两者合作的核心是利益。这个利益一方面是销售产品所获得的利益，另一方面则是合作过程中可以获得的相关利益。前一个利益是金钱层面的，既包括经销商企业的盈利，也包括合作过程中相关人员的个人金钱获得利益。后者更多的则是精神层面的利益，包括感情、认可、需求满足都可以有效地满足个人的利益需求。在实际工作中不难发现，消费者很多时候更注重精神利益。

☞必须专业

当历经了销售的坎坷和风雨，从一个毛头小伙变成稳重成人时，我们不愿意再像以前那样喝酒、送礼、跑关系去做销售。蓦然回首，才发现销售还是要专业。当你成为产品的专家、行业的专家、渠道的专家、培训的专家等某一方面的专家时，才可以从更高层面把销售做得更好。于是，销售最终回归本质：唯有更专业，才能做得更好！

总之，只要注重提升个人素质与能力，人人都能成为"赢"销天才，可以为企业创造价值，为个人创收，也能为消费者提供满意的产品和服务。

事事赢销

要做好销售工作就要把每件事情都与"赢"销联系起来，做每件事情，都力争对"赢"销起到积极促进作用，在每件事情中注入了"赢"销的灵魂。在中国市场，正确而大胆地运用"事件"这一武器，能快速惊动市场，从众多同类中脱颖而出。下面我们以家居行业为例，来看看这些高手是如何在事件中"赢"销的。

☞皮阿诺橱柜的节日"赢"销

节日营销的最高境界是：没有节日那就创造节日。在主张男女平等的当下，越来越多的"80后"、"90后"新婚家庭中，丈夫们开始扮演主妇的角色。皮阿诺橱柜创造性地将每年的8月8日作为"丈夫节"，通过打出"丈夫节"的旗号和"精英台球赛"、"男人负荆请罪"等形式，呼吁人们关注新时代的"煮男"，让他们的劳动得到认同，让他们尊重女性、爱护妻子的行为得到褒奖，让快乐下厨的精神得到弘扬，让他们的情感得到宣泄。活动通过"丈夫节"号召男人下厨，充分把情感与文化结合起来，利用社会焦点成功吸引了大家的广泛关注，也间接提升了品牌关注度。

☞金海马家居的活动"赢"销

2011年5~7月，金海马家居率先发起的多场家具"一元秒杀"促销活动，将"秒杀"一词变成家具行业炙手可热的词汇。"秒杀"二字频频充斥着人们的眼球，这种创新更是吸引了众多同行的争相效仿，马会家居、美泰家居等家具商场，尚品宅配、曲美家具等家具品牌都轮番推出多场秒杀主题促销活动。继送钻戒、送汽车的豪礼促销之后，"秒杀"一时间成为家具建材行业最热衷的促销手段。

☞马会家居的拍卖"赢"销

非洲花梨木花架、四出头官帽单椅、老挝大红酸枝仿古大班台……2011年11月，在"马会家居红木家具精品文化节"期间，在马会家居的中庭，上百位红木家具爱好者拥挤在一起，观赏品味数十件红木家具真品，并与中华收藏家联合会副主席黄大钊等专家一同欣赏传奇珍品，感受红木家具文化，纷纷拍下心仪的红木家具。马会家居成功找到了红木这个文化元素，并创造性地与拍卖嫁接，再度掀起红木家具消费热潮，更争取了相当一部分年轻人加入红木家具的消费大军。

☞红星美凯龙的情感"赢"销

"算一算，这辈子你还能和父母相处多长时间？""结果是：100天！"2011年11月，红星美凯龙家居全国各店通过微博、电视宣传以及门店活动等形式，将爱家计算器计算出来的震撼结果传递给终日奔波忙碌的年轻人，让他们到店亲自算出自己与父母相处的时间，触目惊心的数字唤醒了年轻人对"家"的想念，提醒他们抓住身边的每一个机会来关爱家人。家，不仅在于物质的给予，更在于精神上的安慰和陪伴；爱家，不在于未来的计划，更在于当下的行动。这种价值观的重塑，让每个人都在重新审视自己和家人。而活动吸引众多刚需群体到店，拉动了家具销售，这可谓是近年来家居界情感"赢"销的经典案例。

☞冠军联盟的工厂"赢"销

家居零售每况愈下，工厂终端抱团取暖。继"豪礼"、"秒杀"之后，

"厂价促销"、"工厂团购"成为 2012 年的关键词。2012 年 8 月，欧派、东鹏、大自然、慕思、TATA、多喜爱等冠军联盟十大品牌联手工厂，先期派发 100 元一张的总裁保价卡，选在五星级酒店举办"总裁保价一惠到底"活动，每个品牌拿出热销的几款产品，由总裁现场宣布低至 4.9 折的全年最低折扣，短短 3 个小时就有千人下单，接收定金就达 24 万元。活动的空前成功意味着家居销售再度回到价格层面，也彰显了前期筹备、稀缺条件等在活动中的作用，更让家居界看到了数量不小的潜在消费群，燃起了对于行业前景的憧憬。

"事事赢销"强调不管做什么都要让别人去认识、去了解、去喜欢、去接受你的产品并且成为忠实的"粉丝"。这是个系统的过程，所以，不管是做人还是做事，都该是有"赢"销的效果。上述这些创新事件，可谓深得"事事赢销"之妙义！

时时赢销

时时赢销是根据当前消费者的个性需要，为其提供商品或服务。时时赢销中的"消费者需要"是一种"动态需要"，所提供的商品或服务要能够适应消费者变化的需要。全员赢销的六大模式中，时时赢销对消费者"需要"概念进行了新的定义：既包括当前需要，又包括未来发展变化的需要，因此它是赢销概念系统内涵的发展。

时时赢销强调的是不拖延时间，任何时间都思考"赢"销，研究"赢"销，学习"赢"销，都做一些力所能及的有利于"赢"销的事。

☞ 时时学习赢销

学习赢销是一种以学习为主要手段的高层次创新赢销方式。通过对消费者宣传科普知识，消除消费者心中的重重疑虑，使消费者更加理性地把握自己的购买行为，避免因盲目购买所造成的经济损失。无形之中增强了消费者对该企业和产品的好感，赢得消费者发自内心的感激和信赖，在消费者心中树立起牢固的企业形象，提高产品的美誉度。

由于时时赢销把学习、了解消费者的活动融入了不断修正的产品与服务中，若某竞争者想做到同样好的水平，那么就需要对消费者的消费经历有一个相当的了解，而这一点是不可能在一夜之间完成的。因此，努力学习和思考"赢"销，找出满足消费者的关键所在，是实现时时"赢"销的重中之重。

面对厂商的激烈竞争，在技术日趋完善，从外观上几乎看不出产品质量有何区别的情况下，参与全员赢销的员工若能凭借其丰富熟练的营销技术和产品知识，准确地说出本企业的产品与其他竞争对手的产品之间的差别，并能一一指出自家产品与他家产品相比的优势，就很容易获取顾客的信任，使其产生消费动机进而成为企业的忠诚顾客。

☞不拖延做赢销的时间

拖延时间，基本上可以说是一种不愿意或不敢去面对的逃避方式。比如，应该打给客户的电话拖了又拖，因为不想去面对可能来的拒绝，或是客户的抱怨，或是客户直截了当地说"我不需要"，于是总想着明天再打这电话，结果一拖再拖。到了客户门口，想进去拜访又不进去拜访，还是明天再去拜访这个客户吧，挣扎的时间又浪费了几分钟。由于拖延时间的事屡次发生，本来只需要几分钟时间就能做完的事，由于拖延就浪费了好几天的时间。

事实说明，拖延时间，赢销无望，财不理你！相比之下，成功的人时时刻刻都在成功地销售，在分分秒秒中成就自己的赢销人生！

处处赢销

赢销无所不在。处处赢销就是参与全员赢销的员工去任何地方都想着赢销，都根据实际情况，进行适当地宣传推广活动。强调的是把赢销深入到员工脑海之中，成为他们的潜意识，成为激励他们去赢销的动力！

☞人生处处皆营销

21 世纪是一个从营销到赢销的时代。赢销已大大超出原来职业的含义，成为一种生活方式，一种贯穿和渗透于各种活动中的生活理念。只要我们生活在这个社会里，就无法躲开"赢销"这件事。今天无论你是公务员、教师、工程师、厂长、总经理、秘书还是农民、工人等，任何职业都无关紧要，你都可以成为一位推销员、一位营销员，或是一位注重赢销的高手。每天从早到晚，每个人都在演绎自己，每个人都在赢销自己，赢销自己的产品，赢销自己的公司，赢销的精神已渗透至骨髓之中，渗透到你我的灵魂深处。

☞H 酒店处处赢销效果佳

再精彩的主题销售活动和销售方式也需要好的平台来传播，对于 H 酒店来说，它有足够多的平台来传播酒店的赢销信息。如内部有酒店的微信、微博、网站、海报等平台，而外部有以南方电视台为首的电视台、以拉手网为代表的团购网站、以新浪网为代表的大资讯门户网等媒体平台。打开 H 酒店的微信、微博，就能看到很多酒店的美食节活动和各种优惠信息，另附上唯美的背景图、菜品图或美食场景图，让人不禁"食指大动"。因为其中有图片、文字，还有音频、视频并且支持多人语音聊天。

在团购方面，H 酒店与拉手网、大众点评网等团购网站及到到网等旅游者社区评论网站合作做团购促销。与团购网站合作时，H 酒店选择一些可信度较高的、中档消费群体集中度较高的网站，这样的平台上的会员黏性相对较高，合作起来能带来较为稳定的人气。在实施团购环节，H 酒店会根据团购人数的多少给出相应的团购价格和优惠。总的来说，团购在宣传和聚拢人气方面也起到一定的作用。

此外，H 酒店还有专门的营销小组和市场公关部，他们会不定时组织一些会员活动，比如新菜品试吃、会员联谊会等。这样，在活动的过程中，既可以与顾客互动，也可以趁机向他们宣传更多的促销和优惠信息。这种极具感情色彩的活动推广形式，不仅回馈了顾客，拉近了酒店与他们之间的距离和感情，又达到了宣传和互动的目的。

H 酒店多种平台"广撒网"的处处赢销方法，让赢销无处不在，使生意越做越好。

事实说明，世界天天被改变，市场处处是赢销。只要我们生活在这个社会里，就与赢销有着千丝万缕的关系。正因为如此，处处赢销就是要将赢销做到每个角落。换言之，参与全员赢销的员工每到一个地方，把赢销当作一个工具，你将前进一步；把赢销当作一种思想，你将一往无前！

内部赢销

内部赢销是与外部赢销相对应的概念，是指企业通过各种方式，激励员工以创造性的热情投身工作，以集体合作精神为消费者提供优质服务。内部赢销是一种把员工当成消费者、取悦员工的哲学，体现了"以人为本"的企业文化内涵。

内部赢销是一个不断与参与全员赢销的员工分享信息，并且认可他们所做出的贡献的过程。这一持续的过程是构建健康企业文化的基础，员工在这种文化氛围内会逐渐形成"我为人人，人人为客户"的理念。持续不断的内部赢销也是创建世界一流公司的基石。

☞霍姆伍德酒店为员工敞开信息大门

希尔顿酒店集团旗下的霍姆伍德酒店品牌经理霍尔特豪泽想聘请高人帮助他复兴这一低迷的酒店品牌。从第一天开始，他就知道在他的战略规划中，与复兴酒店占据同等重要地位的，是将这一品牌与其他品牌区分开来，不仅是在希尔顿酒店集团以外，在内部也是一样。

霍尔特豪泽和手下的几位高层经理定期与公司一线的团队成员召开电话会议，同时也定期与每位总经理召开电话会议，以了解业务的最新进展情况。当有员工表现突出时，霍尔特豪泽会发去书面感谢信，并致电表示祝贺。由于霍尔特豪泽为员工敞开了信息大门，他们的工作非常出色。不仅如此，员工在客户服务方面的表现也更上一层楼，因为他们真正担起了促使公司品牌成功的责任。

五年之后，霍尔特豪泽再也没有碰到招聘方面的问题了。这时再发出招聘信息后，应聘的人数大大超过了公司的需求。酒店行业面临的最大问题是员工流失率高，但是霍姆伍德酒店的优秀员工却一直没有离开那里。这些员工关心客户，而客户也回馈他们以支持和赞赏。由于客户的好评，霍姆伍德酒店赢得了三项行业大奖。这些奖励是这家酒店致力于营造企业文化的直接成果，在这种文化氛围内，团队成员满腔热情地实现着酒店的品牌承诺。

☞内部赢销策略

内部赢销在企业内部要利用一切事件、一切机会、一切场合、一切可能持续宣传企业文化，持续宣传"服务意识"，持续宣传"赢销"理念，加强沟通，培养服务意识和"赢销"意识。

内部赢销要围绕着了解参与全员赢销的员工的情感和需求，为吸引、培训、激励、沟通及保留员工而努力。因此，内部赢销要采取以下策略来展开，如表 4 - 1 所述：

表 4 - 1　内部营销主要策略

策　略	实施细则
内部市场调研	提高员工满意度的前提是了解员工的情感和需求；只有真正了解员工的情感和需求，才能实施对员工的有效管理。可以将外部营销调研的成熟方法和技巧应用于内部营销，如一对一访谈、问卷调查等，以便于建立员工档案，了解员工的基本情况，包括对企业的态度、对管理者的评价和期望、对内部服务质量的要求、对企业产品和服务的看法及建议等。内部市场调研不仅包括现有在职员工，甚至还可以包括潜在的员工和离职的员工，这样才能真正了解职业市场的劳动力供求趋势、人才分布结构、薪资福利水平、期望的工作类型、职业发展方向及人才流动趋势等总体情况
内部市场细分	细分的前提是差异性和专业性，因为每位员工在受教育程度、人生经历上的不一致，导致他们的工作能力、心理和性格上存在差别，需要把现代营销的市场细分理论应用于内部营销，把企业的内部市场像外部市场营销一样进行细分，认真了解员工的工作能力、心理类型和性格，根据员工不同的需要及情感特征，将其分为不同的小组，实施不同的管理，采取有针对性的激励方式和沟通策略，安排适合员工个性和专长的工作岗位，采取不同的营销组合，这样才能充分调动每位员工的主动性，使之为实现企业的目标而积极服务
招聘、教育和培训	企业与员工之间的相互匹配，是开展内部营销的先决条件，包括企业文化与员工价值观的匹配，公司发展方向与员工个人职业生涯发展方向的匹配等，其中最重要的是企业文化与员工价值观的匹配。因此在聘用人才的时候，除了要考察其教育背景、技术技能等常规项目之外，还应重点考察应聘人员的内在素质和客户导向的程度，以保证吸收的员工易于同企业核心价值观相融合，从而降低新员工与组织的磨合成本

　　企业要生存，就必须盈利；要想盈利，就必须以消费者为中心，向消费者提供产品或服务。这个工作主要是企业的一线员工完成的。一线员工来自企业的相关职能部门，任何一个部门的员工工作或服务有问题，都可能直接影响企业外部顾客的满足度，进而影响企业利润，影响企业的持续发展。因此，企业在开展全员赢销活动时，首先要进行内部赢销。也就是说，在企业能够成功地达到有关外部市场的目标之前，必须有效地运作企业和员工间的

内部交换，使员工认同企业的价值观，并通过为员工提供令其满意的薪酬，促使员工为企业更好地服务。

外部赢销

外部赢销是与内部赢销相对应的概念，意思是参与全员赢销的员工面对社会各界，包括政府职能部门、新闻媒体、社会团体、供应商等，都要积极宣传，宣传商品、宣传文化、宣传企业、满足这些消费者的需求，让其在购买和消费中感到满意。企业通过这些外部赢销活动，实现外部关系管理。

☞外部赢销与内部赢销的关联

内部赢销与外部赢销是企业整体赢销不可缺少的组成部分。没有外部赢销指导的内部赢销是不切实际的，没有内部赢销支持的外部赢销也是不能成功的。具体如表4－2所述：

表4－2 外部赢销与内部赢销的关联

关联性	含 义
内部赢销是外部赢销的基础和前提	外部赢销是企业面对目标顾客的赢销，这种赢销的成功实施是以内部赢销的全面开展为基础和前提的。只有进行恰当的内部赢销，使研发、生产、运营、财务、后勤等部门了解企业的愿景，了解外部赢销计划，这样企业在外部市场上的经营活动才能获得最终的成功；如果没有内部赢销，员工有可能不知道或不理解企业对消费者的承诺，很可能导致员工从不同角度来理解、宣传产品，甚至不相信企业的产品，对企业产生抵触情绪，这都可能会大大破坏企业外部赢销战略
外部赢销是内部赢销的指导	外部赢销对内部赢销的实施起指导作用，一方面，内部赢销是从外部赢销发展而来的，要提高员工的满意度，就要借助企业外部赢销的手段和方法；另一方面，内部赢销计划的目标取决于外部赢销计划的需要，通过外部赢销可以获得市场需求状况、消费特点等信息，从而有利于企业开展内部赢销活动，使内部赢销活动更具有针对性

☞平衡外部赢销和内部赢销

企业在成功地达到有关外部市场的目标之前，必须有效地运作企业和员工间的内部交换，使员工认同企业的价值观，形成优势的企业文化，协调内部关系，为顾客创造更大的价值。也就是说，要平衡外部赢销与内部赢销的关系。下面来看看麦肯锡公司是如何做的。

麦肯锡公司是咨询业的标杆，是一个在经营业绩上取得显著、持久和实质的提高，并能够吸引、培养、激励和保留优秀人才的精英公司。简单地说，客户和人才是麦肯锡公司的两大使命。客户是外部赢销的对象，人才是内部赢销的对象，麦肯锡平衡了两者的关系，首先做好了内部赢销，又做好了外部赢销，才使得公司基业长青。

在内部赢销方面，麦肯锡任人唯贤而不是论资排辈，在聘人、培训、激励方面都做得很好：第一，麦肯锡只聘用名校最优秀的毕业生，内部有一个不进则退的机制，每一个咨询顾问每隔两三年都要有一个新的发展台阶，这样才能不断使人才往更高的阶段去发展。第二，麦肯锡注重团队合作而不是残酷的竞争，提升或离开并没有名额限制，完全在于个人，只要达到标准了就可以提升，离开也不是竞争形成的，而是因为外部机会更好或者因为不能适应更高要求的角色。第三，麦肯锡从不把离开的人看作失败者，反而会为他们提供帮助，甚至会帮他们推荐去处，体现人性化治理，激励员工，让员工对公司存有感恩之心。第四，麦肯锡每个人都重视对人才的培养。麦肯锡每年在培训上投入巨资，此外，每个咨询顾问甚至合伙人都参与到基础的招聘工作中，麦肯锡对此有一套完整的流程和标准。每一个咨询顾问都肩负着对小组成员的评价和反馈责任，无障碍地互相学习和沟通已经成为麦肯锡的一种习惯和文化。

在外部赢销方面，麦肯锡以客户为中心，把客户利益放在公司利益之上，顾问对客户的事情绝对保密，诚实对待客户并随时预备对客户的意见提出质疑，能做到的就答应客户，做不到的绝不会欺骗客户，只接受对双方都有利益并且可以胜任的工作。麦肯锡公司之所以能做到以客户为中心，关键是有很好的企业文化，首先做好了企业内部赢销。

　　需要注意的是，企业内部的员工在不同的时间扮演不同的角色，在进行外部赢销时，自己作为赢销者为外部员工提供服务；在进行内部赢销时，自己作为顾客被提供服务。有时一线的员工也分为前台人员（直接面对顾客的员工）和后台人员（为前台提供后勤服务的员工）。为了避免前台后台人员相互不买账，必须协调好各级各层的关系，先对其进行内部赢销。

第五章 全员赢销手段的整合

全员赢销手段整合除了需要全体员工对市场、企业文化、赢销理念的理解及配合外，企业本身也要采取相应的经营模式，如建立健全激励机制、全产业链协同竞争模式等，以提升企业的竞争力，并使消费者满意度最大化。

进行“市场危机”教育

全员赢销是一种以市场为中心，整合企业资源的科学管理理念。由于当今市场存在诸多危机，而且这些危机具有突发性、破坏性、不确定性和急迫性等特征，企业的危机管理显得尤为必要，而对参与全员赢销的员工进行“市场危机”教育，则是危机管理中的重要一环。

☞市场危机的类型

全员赢销过程中面临的市场危机主要有信誉危机、决策危机、产品危机、关系危机、灾难危机、法律危机、媒介危机几种类型。如表5-1所述：

表5-1　市场危机的主要类型

类　型	含　义
信誉危机	它是在赢销过程中，公众对参与全员赢销的员工及其产品和服务的整体印象和评价，是员工由于没有履行合同及其对消费者的承诺，而产生一系列纠纷，甚至给合作伙伴及消费者造成重大损失或伤害，致使信誉下降，失去公众的信任和支持而造成的危机
决策危机	它是参与全员赢销的员工赢销失误造成的危机。员工不能根据环境条件变化趋势正确制定赢销策略，而使赢销遇到困难无法进行，甚至走向绝路。决策失误如不能及时调整会带来灭顶之灾
产品危机	即产品质量危机。参与全员赢销的员工在赢销过程中忽略了产品质量问题，使不合格产品流入市场，损害了消费者利益，一些产品质量问题甚至造成了人身伤亡事故，由此引发消费者恐慌，消费者必然要求追究销售者和企业的责任而产生的危机
关系危机	由于错误的经营思想、不正当的经营方式忽视了经营道德，员工服务态度恶劣，而造成关系纠纷产生的危机
灾难危机	是指员工和企业都无法预测和人力不可抗拒的强制力量，如地震、台风、洪水等自然灾害、战争、重大工伤事故、经济危机、交通事故等造成巨大损失的危机
法律危机	指参与全员赢销的员工法律意识淡薄，在赢销过程中涉嫌偷税漏税、以权谋私等，事件暴露后引发的法律方面的危机
媒介危机	一是媒介对销售者或企业的报道不全面或失实。媒体不了解事实真相，报道不能客观地反映事实，引起的企业危机。二是曲解事实。由于新科技的引入，媒体还是按照原有的观念、态度分析和看待事件而引起销售者或企业的危机。三是报道失误。人为地诬陷，使媒体蒙蔽，引起销售者或企业的危机

☞危机管理教育和培训

好事不出门，坏事传千里。在危机出现的最初时刻，消息会像病毒一样，以裂变方式高速传播。企业进行危机管理应该营造一个危机氛围，使企业的员工面对激烈的市场竞争，充满危机感，将危机的预防作为日常工作的组成部分。其方法如表5-2所述：

表5-2 危机预防管理的主要方法

方　法	实施细则
进行危机管理教育	引导员工认清危机的预防有赖于全体员工的共同努力。全员的危机意识能提高企业抵御危机的能力，有效地防止危机发生。在企业生产经营中，员工时刻把与公众沟通放在首位，与社会各界保持良好的关系，消除危机隐患
开展危机管理培训	危机管理培训的目的与危机管理教育不同，它不仅在于进一步强化员工的危机意识，更重要的是让员工掌握危机管理知识，提高危机处理技能和面对危机的心理素质，从而提高整个企业的危机管理水平能力

总之，危机并不等同于全员赢销活动的失败，危机之中往往孕育着转机。进行"市场危机"教育是一门艺术，一个企业在危机管理上的成败能够显示出它的整体素质和综合实力。成功的"市场危机"教育不仅能够使员工妥善处理危机，而且能够化危机为商机。

创造共同愿景：全员赢销理念的基石

愿景包含两层内容，一是"愿望"，指有待实现的意愿；二是"景象"，指具体生动的图景。共同愿景本意是大家共同分享的、共同愿望的景象，它是指组织成员普遍接受和认同的组织的长远目标。创造具有共同愿景的企业文化是企业全员赢销理念的基石。

☞企业价值观的形成

企业文化的核心是企业的价值观，共同愿景就集中体现了企业价值观。企业开展全员赢销活动就是在践行企业价值观。

现代企业的价值观念是企业在追求经营成功的过程中所推崇的基本信念及奉行的行为准则。基本信念实际上就是本位价值，主要是指一种被企业职工所公认的最根本、最重要的价值，并以此作为价值评价的基础。现代组织价值观并不是凭空想出的口号，它是一个长期培育、逐步深入组织中的每个员工、每个领域的过程，需要组织的最高领导层高度重视，身体力行，并在日常的生产经营活动中贯彻和执行。

☞创建共同愿景的具体步骤

企业共同愿景不同于每个员工的个人愿景，共同愿景一旦形成，它就会逐步成为组织中每个员工个人愿景不可缺少的部分，有一个组织成员再创造的过程。这一过程可以分为五个具体步骤。如表5-3所述：

表5-3 创建共同愿景的步骤

步　骤	实　施
告知	告知是指共同愿景一旦形成需要正式告知组织所有的员工。告知带有官方的使命式的色彩，以传统且权威式的方式鼓动变革，但它也有一定的激发力量
推销	推销是指组织领导人努力将组织共同愿景灌输给组织成员，以推动他们为实现共同愿景而全心奉献
测试	测试是指让员工们敞开心扉说明组织共同愿景的哪些部分打动了他们的心，哪些部分对他们而言没有吸引力
咨询	向员工咨询这是构建共同愿景中非常重要的一个步骤。咨询可以在共同愿景构建之前进行，也可以在已有一个初步的共同愿景时进行。有效的咨询工作依赖于良好的咨询方式
共同创造	共同愿景是大家的愿景，它应该是共同创造出来的。前四个步骤已经反映了共同愿景的共同创造过程是从上到下的过程。这里所说的共同创造，是要强调共同愿景的从下到上的共同创造过程

总之，共同愿景是企业文化的根本，它的导向功能、约束功能、凝聚功能、激励功能、辐射功能使它孕育着无限的创造力，能够激发出强大的驱动力。而企业全员赢销就是实现企业文化的具体实践。

实行专业分工：提升以赢销为目标的专业意识

用"有意识"、"下意识"、"无意识"这三个词来描述行动，表现了三种不同的行事状态：有意识是自觉地行动；下意识是自发地行动；无意识则不会去行动。参与全员赢销的员工在这三种意识的支配下同样会有不一样的行动。为了让员工"有意识"地行动，使全员赢销活动朝着正确的方向发展，就要实行专业分工，提升以赢销为目标的专业意识。

员工的意识状态直接作用于其工作的态度和绩效。总体来看，参与全员赢销应建立以下十种意识：客户意识、管理意识、绩效意识、职业意识、团队意识、成本意识、企业意识、学习意识、创新意识、品牌意识。在明确了所要建立的意识之后，就要根据赢销人员的意识现状有的放矢地制定出提升意识的策略和方法。如图5-1所示：

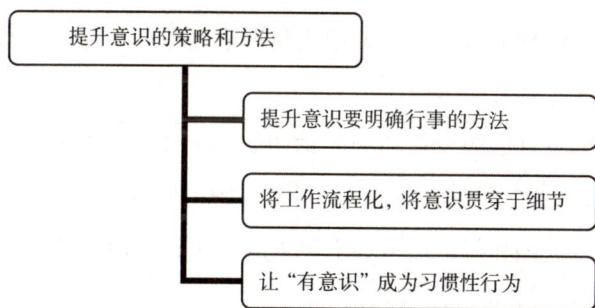

```
提升意识的策略和方法
    ├── 提升意识要明确行事的方法
    ├── 将工作流程化，将意识贯穿于细节
    └── 让"有意识"成为习惯性行为
```

图5-1　提升意识的策略和方法

☞**提升意识要明确行事的方法**

"有意识"进行赢销的员工，会判断客户的购买意向，根据客户的需求进行引导式的产品赢销，并不会因为客户不购买而产生消极抱怨和对待客户的"轻视"情绪，造成客户的不愉悦心理。而是会积极地调整赢销的方法，寻求对待下一个客户的策略。意识标志了行事的态度，但是，没有正确的行事方法，也无法达到期望的目标，提升员工的意识，还要告诉他们应该怎么做。

基本的方式包括员工培训、管理沟通、过程监控、设定目标以及制定适当的激励措施。培训是传达正确的意识，提升专业技能，教授方法以提高工作效率和改变思维方式；管理沟通是针对赢销过程中出现的问题和事件，通过会议讨论、工作指导等方式寻找正确的工作方法；过程监控，是对于赢销过程中的不良行为和偏差及时纠正，对于过程中的特别表现及时鼓励；适当的激励能促进员工"有意识"地行动的热情，激发其自觉行动的能动性；设定目标是通过绩效管理的手段，增强赢销人员的绩效意识。

☞将工作流程化，将意识贯穿于细节

在全员赢销过程中，一些被忽略的细微环节所反映的是员工的职业习惯，会影响到消费者的购买选择，如客户接待细节、例行作业细节、专业形象细节等。对这些流程中的细节进行梳理，便于使赢销人员整体把握日常工作和清晰认识赢销工作整个过程。使赢销人员明确行动的方法，是将意识转化为行动的意义所在。

规范流程细节是形成专业化的赢销团队的要求，但规范化并非僵化，尤其对于创造性的工作环节，如针对不同客户的不同赢销措施，以及一些无法规范的环节，应鼓励和帮助员工寻求解决的方法，并促进员工的创新行动。

☞让"有意识"成为习惯性行为

一些企业对参与全员赢销的员工进行了相应的培训工作，也制定了一系列的行为规范，但这些规范和工作流程往往被记在笔记本上，而没有转化为实际的行动。因此，企业不仅要让赢销人员知道怎么做，还要督促赢销人员将意识转化为习惯性行为。

情景化教育训练以及工作中的沟通、指导、督促，会帮助员工将意识转化为习惯性的工作作风，实现真正的"有意识"的行动。例如具有绩效意识的赢销人员，会养成良好的客户追踪拜访习惯，并选择适当的时机实现与目标客户的沟通，获得赢销达成的机会。这些习惯的养成和企业的监控督促，只告诉赢销人员应该干什么，没有在具体过程中进行督导，最终也难树立真正的意识。

倡导全员赢销理念：让营销与全员一生一起走

企业倡导将全员赢销理念形成一种文化，让每个员工都把赢销的理念把握透彻，都形成赢销观念，那么企业员工考虑问题的时候就会从消费者的角度出发，获得客户的较高满意度，从而达成较好的企业与品牌的口碑。由于多赢局面的形成，赢销就会伴随全体员工的职业历程中。

☞树立赢销意识

倡导全员赢销理念，必须树立四种意识，即全员经营意识、全员服务意识、全员获利意识和全员责任意识。如表5-4所述：

表5-4　树立四大赢销意识

树立意识	实施细则
全员经营意识	经营意识是对待经营的一种态度。参与全员赢销的员工是通过商品销售来获取利润的，因此必须有强烈的经营意识。良好的经营意识必须通过具体的行动表现出来，才能取得良好的效果，因此，在赢销过程中的每一次行动，如何体现销售意识，就需要进行设计和演练。经营意识实际上也是一个企业的销售文化的重要组成部分，良好的销售意识必须要有一个好的、积极的氛围，才能够持续下去。经营意识的提高是习惯养成的过程，在此过程中需要不断改善和创新

续表

树立意识	实施细则
全员服务意识	优质服务、真诚永远。优质服务指在符合行业标准或部门规章等的前提下，所提供的服务能够满足服务对象的合理需求，保证一定的满意度。它是从消费者、客服、办事群众的利益诉求出发，完善服务理念、提高服务质量、规范服务操作、科学简化服务流程，力求实现合规、高效、人性化。真诚服务到永远贯穿于赢销的全过程，参与全员赢销的员工要将真诚服务落实到每一个销售环节
全员获利意识	企业的发展、员工的回报都来源于更多的盈利。因此，只有参与全员赢销的员工积极为企业的共同目标而努力，才能够为企业盈利，为个人创收
全员责任意识	所谓的责任意识，就是清楚明了地知道什么是责任，并自觉、认真地履行社会职责和参加工作活动过程中的责任，把责任落实到行动中去的心理特征。有责任意识，再危险的工作也能减少风险；没有责任意识，再安全的岗位也会出现险情。全员责任意识要求全员履行营销义务、承担营销职责、全过程实行经营管理

☞引入赢销策略

全员赢销要引入五种策略，即市场开发策略、客户满足策略、质量满意策略、技术支持策略和品牌形象策略。如表5-5所述：

表5-5 引入五大赢销策略

策 略	实施细则
市场开发策略	市场开发策略是由现有产品和新市场组合而产生的策略，是发展现有产品的新顾客群或新的低于市场从而扩大产品销售量的策略。简言之，就是在现有的产品基础上，努力开拓新市场。它要求在市场开发过程中重视市场细分和一定时期目标市场的选定工作
客户满足策略	即重视并满足客户需求。客户满足策略主要是设法准确地发现和唤起客户的需要，然后说明所推销的产品能如何满足其需要，促使客户接受所推销的产品
质量满意策略	即重视服务水平的提高。如何提供令消费者满意的优质服务已成为服务营销研究的重要课题。其服务质量改进的方法和策略都应该站在全力让顾客满意的角度上

续表

策　略	实施细则
技术支持策略	技术支持分售前技术支持和售后技术支持，售前技术支持是指在销售中遇到无法解答的产品问题时给予帮助；售后技术支持是指为产品用户提供的售后服务的一种形式。技术支持策略强调在技术改造中重视技术含量的提升
品牌形象策略	即在销售服务中要重视通过树立自己的品牌形象来获得客户的青睐。采用该策略就必须以对商品和企业形象的分析为基础，并且品牌形象的延伸和推广也须与企业形象相符，只有这样，品牌形象才能体现威望，产生信赖

总之，当全部员工的认识达到高度统一，赢销策略发挥作用时，就达到了全员赢销的最高境界。

建立激励制度：以财富论英雄，完善激励政策

全员赢销就是充分调动每位员工的积极性和工作能力，组织他们参与到企业的日常经营工作当中，将企业人力资源优势发挥到极限，从而提升经营效率。为此，需要从实施激励和创新机制两个方面建立激励制度。

☞实施激励，以财富论英雄

在具体的策略选择上，可以设置最佳提案奖来鼓励大家参与公司经营计划的讨论。对于确实有实际意义的"赢销"改革方案，公司研究决定采纳到经营过程中的，可以根据提案的实际意义和价值，给予该员工在物质和精神方面的奖励，从而鼓励更多的人参与到公司经营活动中，开动脑筋策划出"赢销"方案。

☞创新机制，完善激励政策

对于实际业务的提成奖励机制，在实践中需要进一步完善。既然是全员

参与赢销工作，就要改变原有的单纯按照销量进行奖励的机制，将销量的全额奖励部分根据在赢销工作当中承担责任的不同实施阶梯形的发放，让参与到业务工作当中的每一个人都清楚自身对业务的贡献值有多大，企业给予其奖金就是最好的说明。

阶梯式发放薪酬，就是通过阶梯式升降，使上下利益捆绑，实现更有效的激励效果。建立这种激励机制应遵循以下原则，如表5-6所述：

表5-6　遵循三大激励原则

原　则	内　容
偏低、偏高原则	即基本报酬偏低，业绩提成偏高。基本报酬是指员工的基本待遇。业绩提成是指员工所能给公司带来的业绩中绩效的奖励。这一原则的宗旨是：基本报酬可以在本地区本行业偏低，最多不要超过中等水平；业绩提成可以在本地区本行业偏高，最少不低于中等水平。这样让参与全员赢销的员工聚焦在业绩成果而非基本报酬
越多越高原则	员工的业绩做得越多，提成就越高；相反越少就越低。即使提成再高，做不出业绩还是等于零。你做10万元是5%，5万元就是3%，2万元就是2%，1万元就是1%。你做零业绩提成就是零，即使零业绩不是提成0%，是提成100%，也还是个零
上下利益捆绑	好制度就是让优秀者从全员赢销中找到价值和快乐，让缺乏能力者觉得留下来没有价值。要想全员赢销获得实效，必须对经理和业务员实行自下而上、自上而下的利益捆绑，这样才会大家一条心

总之，要使得全体员工真正理解"全员赢销"的内涵，并积极主动地参与其中，合适、高效的激励机制必不可少。这种激励建立在公平、公正的基础上，保证在制度面前人人平等。

文化营销：注重赢销文化的推广与传播

文化营销强调企业的理念、宗旨、目标、价值观、职员行为规范、经营管理制度等文化元素，其核心是"以人为本"，调动人的积极性与创造性。在文化营销观念下，全员赢销活动应该以文化助力赢销，注重赢销文化的推广与传播，以丰富企业文化的内涵。

☞赢销文化的推广

赢销文化的推广包括推广目标、推广品牌、推广渠道三个方面的内容。如表5-7所述：

表5-7 赢销文化推广三大方式

方　式	内　容
推广目标	选择推广目标很重要，而且必须具有针对性，也就是说目标是自身产品的最主要消费者。任何推广策略都有一定的成本，控制成本是企业制胜的关键，进行品牌推广也有其成本控制的范畴。若选择的目标过于庞大，那么其支出必然高，而且其支出有很大一部分浪费在没有消费潜力的客户上，如自身品牌是针对年轻人，若将老幼都考虑进去，那么必然会导致成本过高，而且没有好的效果
推广品牌	在全员赢销过程中，制订品牌推广计划通常要遵循三个原则：一是具体性，即整个计划实施的步骤是什么，计划过程会出现什么样的情况并如何处理，计划应该如何执行，计划最终实现的目标是什么等各方面的具体品牌内容；二是合理性，即制定具有可行性和科学性的推广方案，有利于使之落地实施；三是时限性，即给计划定出一个期限，将整个计划分成若干个步骤，合理安排时间去完成
推广渠道	在当今社会，推广宣传传媒介一般可分为三类：一是电视及电台传媒。若是投资热门的频道节目，就需考虑成本的问题。二是报纸、杂志。由于报纸、杂志具有很强的人群针对性，这便于实现推广成本价值的最大化。三是网络媒体。网络在新生代中尤其流行，而且网络媒体具有人群基数大、推广模式便利、推广成本低、可持续推广的优点

☞赢销文化的传播

参与全员赢销的员工是企业中直接与消费者和客户接触的人员，他们是消费者了解企业信息的非常重要的窗口和途径。因此，这些员工应该担负起传播企业文化的重要责任，积极向消费者宣传企业的价值观念、质量文化，也应该把传播企业文化作为促进赢销工作的重要手段，向消费者提供高质量的产品和服务。

例如人们对海尔的认知，除了源于商场里琳琅满目地贴着海尔商标的家电产品，还源于砸冰箱、张瑞敏登上哈佛讲坛、美国有条海尔路等故事，源于200多集的《海尔兄弟》动画片，源于一本本炙手可热的海尔管理著作，源于"日事日毕"的管理理念，等等。随着这些故事的诞生、文化的提炼、创新的出现，一条条海尔文化理念传播出去，被人们了解、传颂，美好的海尔形象浮现在人们的脑海中。

事实上，赢销文化的推广与传播方式没有好坏之分，关键是方式和企业文化的本质是不是相符。比如有没有考虑到员工的感受，有没有想到消费者的需求等。如果没有解决这些问题甚至背离企业文化宗旨，那不如不要做推广和传播，否则既虚伪又不专业。只有体现企业文化核心价值观的赢销文化，才有可能得到进一步的延伸。

竞合模式：建立全产业链协同竞争模式

所谓竞和，就是竞争与合作并存。竞合模式是现代企业商场制胜的首选。企业在开展全员赢销的活动中，由于大量员工的广泛参与，赢销活动从内到外全方位展开，这种情况下积极建立全产业链协同竞争模式，既可以保持一定的合作，也可以减少或避免产生额外损失。

全产业链协同竞争模式是竞合模式的创新，其建设需要从多方面构建自己的网络。下面，让我们来看看苏宁是如何构建全产业链同竞争网络的，这对开展全员赢销的企业很有借鉴意义。

☞构建数字神经网络

当一些家电连锁企业还在权衡信息化的利弊而犹豫不决的时候，苏宁行动了；等到他们意识到信息化管理是大势所趋、纷纷跟进的时候，苏宁的信息化平台早已升级换代。国内的许多家电连锁企业现在仍然沿用苏宁最初开发出来的 ERP 系统。与苏宁的多代信息化系统更新相比，其差距之大，无须赘述。

先进的信息化网络，不仅提高了苏宁的管理、营销、服务效率，更优化了供应链关系——高度信息化使得 B2B 无缝隙对接成为现实。透明化和公开化的 B2B 对接使得厂商博弈的程度降低，长期存在的供应链契合不佳的问题得到了解决。无出其右的信息化，令上游家电制造企业和竞争对手对苏宁刮目相看。

☞构建物流配送网络

与信息化建设一样，专业化的物流建设也是许多连锁企业最不愿意花大气力去做的事情。自建物流，就等于倍增连锁成本。每进入一座城市开设店铺，就要建设一个物流基地，这样巨大的资金和管理投入不是每家渠道商都愿意且能够承受的。与其他家电连锁企业效法欧美零售商将物流外包给第三方不同的是，苏宁愿意投入巨资自建物流体系。自建物流，看似发展慢，受益却立竿见影，并具有长远效应。

庞大的自有物流网络的价值是显而易见的。首先，由于管理的可控性，苏宁品牌的美誉度不会因为受制于他人的物流网络而受损。其次，苏宁投资自建物流系统，相应地减轻上游家电制造企业的物流压力，他们因此更愿意选择与苏宁合作。最后，苏宁与家电制造企业共享中心仓，增强了物流配送的能力，加快了物流配送的速度，更好地满足了消费者及时、快捷、方便的购物需求。

☞构建售后服务网络

在"快鱼吃慢鱼"的浮躁心态的作用下，许多企业视服务为口号，流于形式。但由于市场的开放程度日益提高，信息传递更加广泛和快捷，可替代的产品越来越多，消费者日趋成熟、理性，越来越渴望得到个性化、专业化、定制化的服务，这就要求企业必须升级自己的产品和服务，从产品导向、推销导向转向营销导向，创造顾客价值，构建新型的顾客关系。

苏宁始终认为，"有多大的服务能力，才能做多大的销售业务"。服务资源是最值得投资、最具有长远价值的。苏宁所建构的服务网络与其连锁网络一样在国内无出其右者。也许消费者看到的服务不过是一个购物查询，不过是一个电话回访，但对于苏宁而言，这就意味着终端销售和后台运作体系——苏宁营销中心、连锁店中心、物流配送中心、售后服务中心、客户服务中心在高效率的有序交互运作下，快速响应市场变化，更精准地满足消费者需求的一系列运作过程。

☞构建人才梯队网络

连锁经营是一个庞大的工程，涉及前台管理和后台信息化系统支持，需要方方面面的专业人才共同参与。相对于西方发达国家，中国连锁业态，尤其是家电连锁起步较晚，面临着行业性人才"瓶颈"。

苏宁为了加快自身及其连锁行业的发展，推出了大规模人才培养模式，不仅为自己建立了人才梯队，也为外协企业培训了大量的专业化工人。中国家电行业售后服务水平的普遍提高，与苏宁专业化的大规模正规培训密不可分。尤其是外协企业员工接受苏宁的专业化培训，掌握了科学的标准化管理经验，从整体上提高了中国连锁业态的规范化水准。

我们看到，在构建内部后台优势的基础上，苏宁把内部优势外部化，以自己的专业、高效带动和提升整个产业链的效率。而这种方式也应该成为企业趋向立体化战略优势的上佳选择。

第六章　网络全员赢销：开辟节能高效的营销"第二战场"

在网络时代开展全员赢销活动需要利用网络开辟"第二战场"，这是节能高效赢销的不二选择。利用网络进行赢销需要掌握制胜攻略，比如关注网络赢销要点、利用网络与消费者进行情感沟通、用权威消息扩大影响力、用交流互动影响客户、用邮件精准定位客户、用搜索引擎吸引客户等。

网络时代全员赢销应该关注的要点

在网络时代，全员赢销是以传统的网络营销基本思想和方法为基础，将企业的产品、技术、企业文化以及管理思想、发展动态等，以不同形式向用户和公众传播。其核心是围绕信息源和信息传递渠道的构建，为用户获取营销信息提供尽可能的便利。这种模式有利于调动更多的网络营销资源，扩大网络营销信息源、拓展信息传递渠道，并通过多种方式与信息接收者建立联系，使网络营销的信息传递和交互更为有效。

事实上，从虚拟经济走到电子商务，国内网络经济已经呈现火爆的局面。但在网络"捕鱼"的过程中，也有不少企业所获甚微。那么，网络时代的全员赢销应该关注哪些要点呢？如图6-1所示：

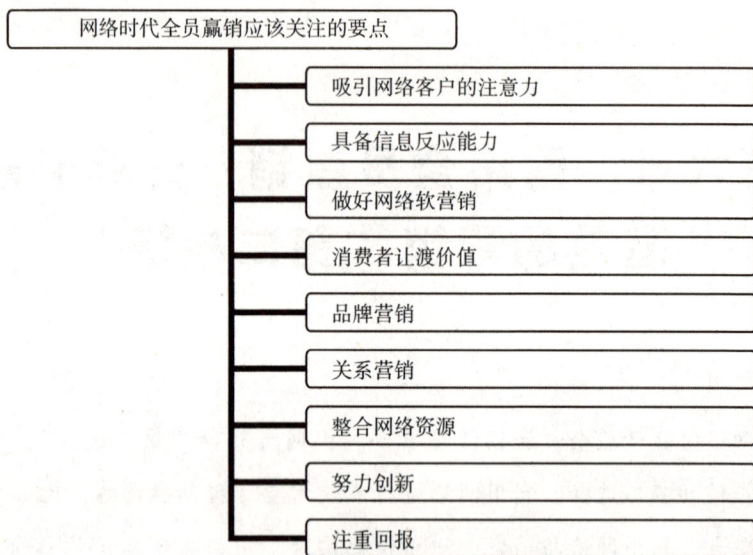

图6-1　网络时代全员赢销九大要点

☞**吸引网络客户的注意力**

注意力是虚拟经济的硬通货。在信息爆炸和产品丰富的信息社会中，酒香也怕巷子深，如何抓住网络消费者的注意力这种稀缺的商业资源，便成为企业互联网营销成败的关键。在目标市场确定之后，互联网营销管理者首先应考虑以何种方式和手段尽快抓住目标消费者的注意力。

☞**具备信息反应能力**

在网络化信息时代，只有那些以闪电般的速度掌握营销市场信息，了解消费者需求和竞争发展趋势，找出对手弱点，并以最快的速度投入或占领市场的企业，才能打造互联网营销的竞争优势。因此，要利用快速高效的电子信息处理技术，对消费者、竞争者以及其他环境因素进行快速、准确、全面的分析，为互联网营销方案的制定提供科学的依据。

☞做好网络软营销

软营销是相对于工业化大规模生产时代的强势营销而言的。软营销的主动方是消费者，而强势营销的主动方是企业。网络时代个性化消费需求的回归，使消费者在心理上自己成为主动方，而网络的互动性又为他们成为主动方提供了条件。他们不欢迎不请自到的广告，但他们会在某种个性化需求的驱动下，主动到网上寻找相关的信息、广告。互联网营销策划应考虑如何适应这种新的环境和要求，使企业的互联网营销成为真正的软营销。

☞消费者让渡价值

消费者让渡价值是指消费者总价值与消费者总成本之间的差额。消费者总价值是指消费者购买某一产品与服务所期望获得的一组利益，它包括产品价值、服务价值、人员价值和形象价值等。消费者总成本是指消费者购买某一产品所耗费的各种成本的总和，包括货币成本、时间成本和体力成本等。消费者在选购产品时，往往从价值与成本两个方面进行比较分析，从中选择出价值最高、成本最低，即消费者让渡价值最大化的产品作为优先选购的对象。因此，营销人员必须考虑如何通过改进产品、服务、人员与形象，提高产品的总价值；同时要考虑如何通过降低生产与销售成本，减少消费者购买产品的时间、精神与体力的耗费，从而降低货币成本与非货币成本。

☞品牌营销

网络品牌不仅为网上消费者辨识企业产品和服务提供了便利，而且为网上消费者购买和消费企业产品提供了信誉保证。对网络品牌的营销，既有利于扩大新消费者，又有利于留住老消费者。因此，网络营销人员不仅要注重提高品牌的知名度，更要注重通过提高产品和服务的质量来提高品牌的美誉度，通过整合和优化品牌形象的构成要素，最终推出值得大众信赖的网络品牌。

☞关系营销

现代市场营销的发展趋势表现为从交易营销转向关系营销：不仅强调赢得用户，而且强调长期地拥有客户；从着眼于短期利益转向重视长期利益；从单一销售转向建立友好合作关系；从以产品性能为核心转向以产品或服务给客户带来的利益为核心；从不重视客户服务转向高度承诺。这就要求网络营销人员必须围绕处理好与消费者的关系这个核心来展开，把服务、质量和营销有机结合起来，通过与消费者建立长期稳定的关系，实现长期拥有客户的目标。

☞整合网络资源

互联网营销是以网络为工具的系统性的企业经营活动，它在网络环境下对市场营销的信息流、商流、制造流、物流、资金流和服务流进行管理。虽然互联网可使企业克服进入全球市场的信息障碍，但在经济结构加速调整、全球化市场竞争日趋激烈的环境下，企业的竞争已不再局限于研究和开发某一产品、某一技术或某一特定资本运营的价值，而是要善于研究和比较某一资源的机会成本和边际收益，从而使企业资本增值最大化。而要实现这一目标，企业必须以网络的商业化应用为契机，在全球范围内寻找商业合作伙伴，建立营销战略联盟，从商品经营和自身资产的经营转向对社会资源的经营。

☞努力创新

在个性化消费需求日益彰显的互联网营销环境中，通过创新，创造与消费者的个性化需求相适应的产品特色和服务特色，是提高效用和价值的关键。特别的奉献才能换来特别的回报。网络营销人员必须在深入了解互联网营销环境尤其是消费者需求和竞争者动向的基础上，努力创造旨在增加消费者价值和效用，为消费者所欢迎的产品特色和服务特色。

☞注重回报

追求回报既是互联网营销发展的动力，又是维持网上市场关系的必要条件。在互联网营销中，企业要满足网上客户的需求，为客户提供价值，但不能做仆人。因此，网络营销人员必须重视企业在互联网营销中的回报，使互联网营销活动达到为消费者及股东创造价值的目的。

总之，在网络时代，不管是大公司还是小公司，全员赢销都是适用的。操作简单，但关键是把握要点并坚持下去，做成专才，才有可能取得成功。

利用网络全面加强与消费者的情感沟通

在网络时代开展全员赢销，与消费者进行情感沟通是吸引消费者的重要途径。由于参与全员赢销的员工网络销售意识和技能不强，而且很多时候网络信息不对称，导致了他们与消费者之间无法进行有效沟通，因而难找到消费者真正的情感诉求。利用网络全面加强与消费者的情感沟通，已经成为困扰员工实现赢销的问题。

消费者在整个消费过程中具有强烈的情感需求，其满意与否不仅由产品功能决定，而且还取决于整个消费过程中的心理体验。尤其是在网络时代，消费者的主动地位更为凸显，不仅要求提供适意产品的功能价值，快速、周到的服务价值，更需要尊重、关怀的情感价值。因此，要想解决与消费者情感沟通不畅或沟通无效的问题，一方面需要了解消费者的情感需要，更重要的是掌握在网上与消费者进行情感沟通的方式方法。

☞消费者情感需求的主要表现

总体来说，消费者的情感需求主要表现在以下几方面。如表6-1所述：

表6-1 消费者情感需求四大表现

表 现	内 容
信任感需求	信任感是消费者对厂商及其产品安全性需求的反应。由于网络时代消费者的购买决策面临可能带来损失的风险，使得消费者在决策时更加谨慎，他们不得不花更多的时间、精力和财力来搜集对方的资料，以避免可能出现风险损失。消费者对商家及其产品是否信任是影响购买选择的一个重要的因素
归属感需求	归属感是指人们希望给予或接受别人的爱与感情，并得到某些社会团体的重视和容纳的需要。它包括两个方面的内容，一是愿意结交朋友、交流情感；二是渴望参加社会团体活动，希望成为团体中的一员，相互关心并互相照顾。有的企业开展俱乐部营销策略并取得了成功
被尊重的需求	人们希望自己有稳定的地位，希望自己的能力和成就得到社会的承认。表现在消费行为上，消费者渴望受到重视，受到服务人员的尊重。消费者愿意与商家建立一种相对稳定的持久关系，这样买卖双方相互了解，增强信任
为"我"服务的需求	消费者由于个性化需求增强，并不喜欢被一视同仁，他们希望公司能单独地为他们提供服务，希望商品能够展现自我，希望商家能根据自己的个性化需求提供量身定做的服务。消费不只是为了获得所需的产品或服务，其过程本身也是享受生活

☞和消费者建立情感联系

在网络时代，与消费者建立情感联系的方式方法有以下几种，如表6-2所述：

表6-2 与消费者建立情感联系的三种方法

方 法	实施细则
基于顾客资料的定期维护	建立顾客资料库，包括顾客的品性、购物习惯、个性爱好、生活作风、重要日期记录等；同时，对顾客进行关系维护，具体措施如定期与顾客交流、建立便利的购物渠道及付款方式、利用顾客档案投顾客之所好等，从而为顾客提供个性化的一对一信息和服务，保持与顾客的密切接触，建立一种亲善的关系
顾客提醒或建议	如顾客购买产品后的初期，提醒顾客可能遇上什么问题，并提供解决方法，在使用产品一段时间后，提醒顾客应做哪些保养、维护的工作，了解顾客使用产品的原因、情况，在适当的时间也可以根据产品关联分析，给顾客推荐适当的产品

方　法	实施细则
加强与顾客的沟通	为顾客解决困难甚至帮助顾客成功，使顾客感到被尊重、理解和关怀，从而使顾客关系私人化。如帮顾客找药方、为顾客的择业提供建议等。也有的企业网站为顾客发送虚拟股票，使其感受自己与企业的发展是紧密相连的

总之，人无论多么精明，始终是感性的动物。对于消费者热情到位的售前、售中、售后全程服务，满足和超越消费者的期望，让消费者从中体验到上帝般尊贵的感受，有了这种尊贵的体验，他们感情的天平就会向你倾斜！

用权威消息扩大影响力：网络新闻 + 事件营销

权威天生具有无法比拟的影响力，很容易让人进入顺从状态。企业开展全员赢销过程中利用权威消息扩大影响力的一个有效方式就是"网络新闻 + 事件营销"，即利用网络新闻事件借题发挥、借力打力，集中优势兵力进行突破，从而达到赢销的目的。

传播快速、深入翔实、权威专业是网络新闻营销的三大特点，相比于传统媒体，新闻软文能大篇幅对企业进行报道，也更加详细，更具说服力。由此可见，利用新闻热点事件做赢销，是塑造企业品牌、形象的绝好时机。

☞权威影响力助推冰桶挑战

在 2014 年炎热的夏天，一桶冰水当头倒下，微软的比尔·盖茨、Facebook 的扎克伯格跟桑德博格、亚马逊的贝索斯、苹果的库克等硅谷科技人，全都飞蛾扑火似地参与挑战，不惜湿身入镜。

冰桶挑战无疑是当时最具话题性的事件，其初衷是让更多人知道被称为 ALS（肌萎缩性脊髓侧索硬化症）的罕见疾病，同时也达到募款帮助治疗的目的。这项活动以轻松有趣的方式宣传关爱罕见病患者的理念和相关的医疗知识，带动了社会各界许多有影响力的人士参与，起到了很好的效果；加上冰桶挑战中的那些 KOL 一个接力一个，源源不断，使得冰桶挑战漂洋过海由美国传到中国，可见权威的影响力。

☞如何利用网络新闻事件进行赢销

要利用网络新闻事件进行赢销，必须保证每一条新闻足够吸引人，其成功的关键一是形式上要抢眼，二是新闻必须有"料"，这样才能实现"赢销"。如表 6 - 3 所述：

表 6 - 3　利用网络新闻事件赢销要点

要　点	内　容
表现形式要醒目	一是找个好的主题。网络新闻一定要有一个鲜明的主题，客观来讲就是方法真实可行，软文内容生动。二是表现诉求手段多样化。网络新闻的创作经常运用到的表现诉求手法有新闻式、恐吓式、说理式、情感式、直接式、问答式等。三是控制标题字数。网络新闻的标题长度不可过长或过短，最好一句话就能精确表达新闻的内容精华，最好不要超过 20 个字。如果需要两个短句表达，要以空白或逗号分隔
内容必须有"料"	有"料"就是有新闻价值，即能够吸引消费者的注意力。一件事能否成为新闻被传播，取决于两点：一是在多大程度上及以怎样的方式与公众的利益相关联，二是能否满足人们的感官需要。在这里，公众利益既包括经济利益，也包括安全、公正、道德、荣誉、审美等社会价值利益，而心理感官需求则是人们对事物的好奇、趣味等的心理满足。所以，在运用网络新闻事件时，要注意遵循新闻的传播规律，不可一厢情愿地认为凡是关于自己品牌的都是消费者爱看的

总之，如果将网络新闻事件通过醒目的形式和有"料"的内容不露痕迹地嵌入公司和产品概念，就能达到借势传播的效果。只要我们找到切入点，就能吸引消费者参与互动，创造事件之外的真正价值。

用交流互动影响客户：贴吧＋微博＋论坛＋博客

网上互动是提供客户服务的新型沟通方式，伴随着客户群体素质的提高，网上互动越来越凸显出现场服务所不具备的时间优势、空间优势及群体优势。采用贴吧、微博、论坛、博客与客户互动交流，多与客户沟通，才能了解客户的需求，实现赢销。

☞贴吧互动交流方式

百度贴吧是百度旗下独立品牌，全球最大中文社区。贴吧是一种基于关键词的主题交流社区，它与搜索紧密结合，为兴趣而生，因而有利于全员赢销过程中准确地把握用户需求。其特点如表6－4所述：

表6－4　贴吧互动交流方式五大特点

特　点	分　析
快捷聚集	百度贴吧最重要的特点就在于，它利用自己在搜索引擎领域的知名度与地位，为各种兴趣爱好者的聚集提供了一个最便捷的方式
信息聚合	贴吧是对百度搜索引擎的一个有益补充。它可以使人们从机器的搜索过渡到人工的信息整合中。拥有不同资源的人们，可在这里实现信息的分享，而且信息需求与供给关系更明确，这样获得的信息针对性往往更强
深度互动	贴吧创造的社区往往是一个话题非常封闭的社区。多数贴吧的成员愿意围绕一个封闭的主题来展开交流，这就加深了互动的深度。比如影视剧作者可以"现身说法"，真实而生动地展示观众对于作品的解读方式及其动因
快速创新	贴吧不断追求卓越和创新，在移动互联网方面大力突破。契合当下网民需求，迅速产生群聊功能等，满足用户快速沟通需求

续表

特　点	分　析
粉丝文化	百度贴吧的迅速走红，是与"粉丝"及"粉丝文化"的流行紧密相关的。在"粉丝文化"的发展过程中，百度贴吧也起到了重要作用。如粉丝群体的团队精神、率真精神、奉献精神、忠诚精神、"PK 精神"

☞微博互动交流方式

微博是"微型博客"的简称，即一句话博客，是一种通过关注机制分享简短实时信息的广播式的社交网络平台。它是一个基于用户关系信息分享、传播以及获取的平台。用户可以通过 WEB、WAP 等各种客户端组建个人社区，以 140 字（包括标点符号）的文字更新信息，并实现即时分享。可见这个平台同样适合全员赢销成员选择。其特点如表 6－5 所述：

表 6－5　微博互动交流方式四大特点

特　点	分　析
便捷性	微博最大的特点就是发布信息快速，信息传播的速度快。例如你有 200 万听众（粉丝），你发布的信息会在瞬间传播给 200 万人
背对脸	与博客上面对面的表演不同，微博上是背对脸的交流，就好比你在电脑前打游戏，路过的人从你背后看着你玩，而你并不需要主动和背后的人交流。可以一点对多点，也可以点对点。移动终端提供的便利性和多媒体化，使得微博用户体验的黏性越来越强
原创性	在微博上，140 字的限制将平民和莎士比亚拉到了同一水平线上，这一点导致大量原创内容爆发性地被生产出来。"沉默的大多数"在微博上找到了展示自己的舞台
草根性	微博草根性更强，且广泛分布在桌面、浏览器和移动终端等多个平台上，有多种商业模式并存，或形成多个垂直细分领域的可能。但无论哪种商业模式，都离不开用户体验的特性和基本功能

☞论坛互动交流方式

论坛提供一块公共电子白板，每个用户都可以在上面书写，可发布信息或提出看法。是一种交互性强，内容丰富而及时的 Internet 电子信息服务系统，用户在 BBS 站点上可以获得各种信息服务、发布信息、进行讨论、聊天等。

论坛的特点：一是利用论坛的超高人气，可以有效为企业提供营销传播服务。而由于论坛话题的开放性，几乎企业所有的营销诉求都可以通过论坛传播得到有效的实现。二是专业的论坛帖子策划、撰写、发放、监测、汇报流程，可在论坛空间提供高效传播。包括各种置顶帖、普通帖、连环帖、论战帖、多图帖、视频帖等。三是论坛活动具有强大的聚众能力，利用论坛作为平台举办各类踩楼、灌水、贴图、视频等活动，调动网友与品牌之间的互动。四是事件炒作通过炮制网民感兴趣的活动，将客户的品牌、产品、活动内容植入传播内容，并展开持续的传播效应，引发新闻事件，形成传播的连锁反应。五是运用搜索引擎内容编辑技术，可使内容能在论坛上有好的表现，在主流搜索引擎上也能够快速寻找到发布的帖子。六是适用于商业企业的论坛营销分析，对长期网络投资项目组合应用，精确地预估未来企业投资回报率以及资本价值。由此可见，论坛互动交流方式也是全员赢销活动的上佳选择。

☞ 博客互动交流方式

博客是一种通常由个人管理、不定期张贴新文章的网站。一个典型的博客结合了文字、图像及与主题相关的网文，能够让读者以互动的方式留下意见。博客有多种分类，其中"企业博客"可以使企业和企业所关心的客户、供应商、媒体、合作伙伴等外部环境之间的沟通更为有效和简单，是网站更新的最简单方法之一，为企业所创建的内容提供自动组织的有效方法，并且能够保证更新的内容及时到达企业的目标受众。当然，它还有一个很重要的好处，与冷冰冰的新闻稿相比，企业博客显得更加人性化。

企业博客可分成三类，如表 6 – 6 所述：

表6-6　企业博客三大类型

分　类	功　能
企业内部博客	开设者为企业以及企业员工，受众为企业员工。这类博客有助于员工更好地了解企业的每一个动向、变革（企业对员工），也可以通过博客了解员工的学习动态，分享知识（员工对员工）。其负责人显然应该是战略HRD（战略人力资源开发）
企业及员工博客	开设者为企业及企业员工，受众则来自企业外部；这类博客是帮助企业更好宣扬自己的企业文化（企业对外部），另外可以让产品的相关细节更为清晰（员工对外部）。博客建设细分到各个部门
企业外部博客	主要针对企业外部，这就主要涉及企业的广告、营销甚至可以包括部分公关活动。另外这些博客可能成为企业产品互联网销售的渠道博客。这类博客建设属于营销部门

总之，网络赢销的目的是从互联网上挖掘客户，那么与客户之间的互动就显得尤为重要。贴吧、微博、论坛、博客等与客户互动交流的方式，可以使参与全员赢销的员工获得更丰富的个人感受和经济价值。

用邮件精准定位客户：群发营销＋数据库营销

在IM、SNS、Blog各种互动营销方式充斥的今天，用邮件定位客户是个不错的选择。比如其中的群发营销和数据库营销，可以为赢销活动提供很多便利并带来利益。

☞**群发营销**

在信息技术高速发展的今天，各大商家的广告大战日趋激烈，而手机短信息作为一种全新的形式已经闪亮登场。短信息服务像风暴一样席卷全国，越来越多的商家已经意识到短信息将会带来巨大的商业价值。相对于传统的媒体成本很低，短信群发营销的优点如表6-7所述：

表6－7 短信群发营销六大特点

特 点	分 析
方便性	我们发送的短信不会影响对方的正常活动。无论何时我们都可以向对方发送短信
强制性	这里的强制性不是说强制用户购买，而是强制用户阅读。即使当时对方不方便阅读，他一定会在合适的时候阅读
准确性	手机号码具有区域特征，我们完全可以根据手机号码判断手机用户的所在地。邮件营销必须事先寻找大量有效的邮件地址
经济性	假设在100个读者当中会有1个读者认真查询所有广告，并且看到了你刊登的这个口香糖大小的广告，那么总共会有大约2000人。而发送2000个短信只需要200元
广泛性	如果你愿意支付上万元的短信费用，那么完全可以给某个城市所有的手机用南京传众网络科技户发送一条短信。这种广泛性可以说是任何其他的宣传方式很难做到的
可行性	短信营销人人都可以操作，根本不需要到电信公司去申请一个特殊服务号码。短信群发软件非常容易使用，只要输入要发送的短信内容和要发送的手机号码就可以

☞**数据库营销**

数据库营销就是企业通过收集和积累会员（用户或消费者）信息，经过分析筛选后有针对性地使用电子邮件、短信、电话、信件等方式进行客户深度挖掘与关系维护的营销方式。

数据库营销的核心是数据挖掘。在激烈的市场竞争中，没有什么比了解消费者习惯和爱好更重要了。其运作程序一般包括数据采集、数据存储、数据处理、寻找理想消费者、完善数据等六个基本过程。如表6－8所述：

表6－8 数据库营销基本程序

程 序	实施细则
数据采集	一方面通过市场调查消费者消费记录以及促销活动的记录，另一方面利用公共记录的数据，如人口统计数据、医院患者记录卡、银行信用卡记录等都可以选择性地进入数据库

续表

程 序	实施细则
数据存储	将收集的数据，以消费者为基本单元，逐一输入电脑，建立起消费者数据库
数据处理	运用先进统计技术，利用计算机把不同的数据综合为有条理的数据库，然后在强有力的各种软件支持下，产生产品各部门所需要的详细数据库
寻找理想消费者	根据使用最多的消费者的共同特点，用电脑勾画出某产品的消费者模型，此类消费群具有一些共同的特点。可以采用专用某牌子产品的一组消费者作为营销工作目标
完善数据库	以产品开发为中心的消费者俱乐部、优惠券反馈、抽奖销售活动记录及其他促销活动收集来的信息不断增加和完善，数据不断得到更新，从而及时反映消费者的变化趋势，使数据库适应企业经营需要

用搜索引擎吸引客户：搜索引擎优化

在网络时代，网站对搜索引擎进行优化，提高网站访问量，最终可以提升网站的销售或宣传的效果。要想在网站推广中取得成功，搜索引擎优化（SEO）是非常关键的一项任务。

☞使用最佳的关键词

关键词一直是 SEO 的重要组成部分，也是最重要的一环。最好的关键词是那些没有被滥用而又很流行的词。为"搜寻引擎行销"排列得好的网页应该容易地能够提供"专业人士搜寻引擎行销"或"搜寻引擎行销服务"等交叠处理的关键词短语。

☞全面的客户网站诊断和建议

在确定了全面的关键词列表后，就需要对客户网站进行全面诊断，目的是让客户网站的每个页面都在搜索引擎中获得更高的排名，全面的诊断和建议包括搜索引擎的快照时间、收录速度、每个网页的具体内容和元信息优化的分析，使客户网站更符合搜索引擎的排名要求。SEO 工作室需要不断探索搜索引擎新算法，以保证客户网站的排名。

☞搜索引擎和目录的提交

一旦客户网站的建议被应用上，就需要把客户网站系统性地提交到目录和搜索引擎中。选择高质量的目录是最关键的，比如 DMOZ、hao123 网址大全等。

☞月搜索引擎排名报告和总结

衡量 SEO 是否成功，可以通过搜索引擎来检查先前制定的关键词。做得比较好的 SEO 工作室，一般都会提供一个基线排名报告，报告会根据每一个关键词在每一个搜索引擎中显示客户网站的排名位置。如果客户的网站以关键词来排名，那么这个基线排名报告将显示具体的页码、位置以及关键词排名的搜索引擎。此外，好的 SEO 工作室还会提供一篇每月摘要，这篇每月摘要将显示客户网站总的搜索引擎优化的进展，商讨具体的排名计划。

☞季度网站更新

通常关键词的提升和期望值会有所差距，因此最初的高排名只是成功的一半，搜索引擎是不断改变算法的。自然的 SEO 和营销目标，都是通过每个季度客户网站的更新，而不断改变搜索引擎的显示。这些更新通过结合搜索引擎的算法，将附加的产品关键字推广出去。SEO 是一个持续不断的过程。

搜索引擎新技术的不断变化，要求我们保持技术更新。上述一些新的方法，一定程度上可保持你的网站搜索引擎的排名。

第七章　全员赢销战略下
营销部门的整合

全员赢销是各部门在"赢销"理念指导下的互相配合、协同作战。因此，作为日常主营营销和全员赢销活动的领导者，营销部门要在全员赢销战略指导下做好本职工作，同时对各部门进行整合，以充分调动各部门的积极性，使其发挥最大部门职能，推动全员赢销活动卓有成效地展开。

研究客户，做消费者的顾问

以客户为导向的全员赢销理念，要求销售人员必须注重客户研究工作，并扮演好消费者顾问的角色，这样才能真正实现"赢"销，获得多赢。在企业各个部门参与全员赢销的过程中，这两项工作是各部门展开后续工作的第一步，其实也是营销部门日常本职工作和活动管理的重要内容。

☞怎样研究客户

研究客户主要是了解客户的需求，否则无法提供有效的服务，更不可能赢得客户忠诚。在实践中，了解客户需求的方法有很多，这里试举一二。如表 7 - 1 所述：

表7-1 了解客户需求主要方法

方 法	实施细则
利用提问了解需求	提问题是了解客户的最直接、最简便有效的方式。一是提问式问题。单刀直入、观点明确的提问能使客户详述你所不知道的情况，这是为客户服务时最常采取的方法。二是封闭式问题。即让客户回答"是"或"否"，目的是确认某种事实、客户的观点、希望或反映的情况，以便更快地发现问题，找出问题的症结所在。三是了解对方身份的问题。在与客户刚开始谈话时，可以问一些了解客户身份的问题，例如对方姓名、工作电话号码等。目的是获得解决问题所需要的信息。四是描述性问题。让客户描述情况，谈谈他的观点，这有利于了解客户的兴趣和问题所在。五是澄清性问题。在适当的时候询问、澄清客户所说的问题，也可以了解到客户的需求。六是有针对性的问题。例如要问客户对所提供的服务是否满意，这有助于提醒客户再次惠顾。七是询问其他要求的问题。与客户交流的最后，你可以问他还需要哪些服务
通过倾听了解需求	在与客户进行沟通时，必须集中精力，认真倾听客户的回答，站在对方的角度尽力去理解对方所说的内容，了解对方在想些什么，对方的需要是什么，要尽可能多地了解对方的情况，以便为客户提供满意的服务
通过观察了解需求	要想说服客户，就必须了解他当前的需要，然后着重从这一层次的需要出发，动之以情，晓之以理。在与客户沟通的过程中，你可以通过观察客户的非语言行为，了解他的需要、欲望、观点和想法

☞怎样做消费者的顾问

做消费者的顾问是现代营销的先进理念，对企业各部门来说是一种工作的挑战，也是一种自我管理，所以在力量、灵活性及耐力等方面要具有较高的素质。作为主打"赢销"的营销部门，在这方面更应该为其他部门树立标杆，在思想和方法上起到引领作用。

表7-2 做好消费顾问的主要方法

方 法	实施细则
占据主动	赢销过程中的自信是最大的本钱。有了自信就不会被客户牵着鼻子走。对于比较敏感的价格问题，在开始的时候，要尽量避开。当客户对你的产品有足够的兴趣后，你要从客户需求的角度出发，最后才谈到价格话题。但你要向客户大谈其为客户带来的好处及利益

方　法	实施细则
拒绝欺骗	当你面对客户的质疑时，你最好坦白承认其中的不足，并积极做好引导工作。要知道，没有任何一个产品是十全十美的，当客户提到其中的不足时，你要坦白承认，并且引导用户认识到购买产品是买其所长而非其短
迅速解决投诉	在没有取得相应的解决投诉的结果前，要不断地通知用户你正在做什么，让用户感到你正在为他的事情操心。绝不要让用户感觉到你对他及他的问题毫不在乎
利润是核心	利润永远都来自客户，客户是否愿意为你的服务和专业知识付出更多的钱，就看你的产品服务和销售能力了。顾问的目的就是通过你的专业知识，提出良好的建议，为客户提供增值服务，从而获得相应的利润
掌握一些技巧	做消费者的顾问有许多技巧是可以掌握的。例如，你要了解产品知识和技术，了解你的目标客户，甄选目标客户，消除客户的抗拒心理，表现出亲近感，在最适当的时机让客户主动购买。在销售时进行合适的开场、有条理的询问、真诚的聆听、专业的简报、准确的谈判、坦诚的处理拒绝等

用“全员赢销”的观念来规划部门资源

用“全员赢销”的观念来规划本部门资源，要求以营销部门为核心，其他的研发、生产、财务、行政、物流等各部门统一以市场为中心，以顾客为导向，进行营销管理。为此，各部门需要做好以下几个方面的工作，如图7－1所示：

☞“全员赢销”理念下的部门职能转变

在“全员赢销”理念的引导下，各职能部门的使命由让老板满意转化为让其他部门满意。比如生产部门应该充分考虑市场竞争的成本要求、时间要

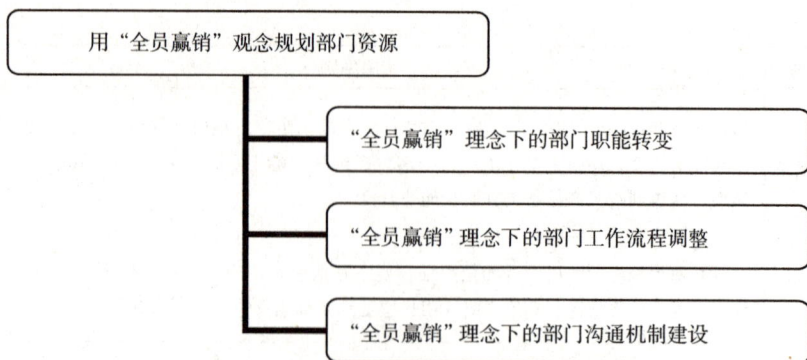

图7-1 用"全员赢销"观念规划部门资源

求、多样化要求，同时各道工序也要把下一道工序作为自己的顾客，根据顾客希望的"付出成本"来打造自己的"供给价格"。另外，此时应该建立"内部市场"，部门间形成顾客关系，在服从公司整体利益的前提下，各部门必须让"顾客们"尤其是营销部门的满意最大化。

☞"全员赢销"理念下的部门工作流程调整

部门工作流程本身并没有多少问题，但是往往不能适应新的战略，这就需要对企业的流程进行全面的评估和战略性思考，同时随着流程的调整采取一系列的配套措施。为了使全员赢销得以便利展开，各部门应该主动调整工作流程，并建立与其他部门的流程通畅衔接。

☞"全员赢销"理念下的部门沟通机制建设

在实际的操作过程当中，更重要的是"全员赢销"理念的贯彻和相关制度的建立是否符合企业自身发展条件，是否适应市场需求。换句话说，只有错误的执行，没有错误的理念。在这方面，我们既可以看到成功的案例，也可以看到很多不尽完美的例子。各部门为了便于配合，应付不断出现的新问题，需要进行及时的沟通，因而要建立通畅的沟通渠道和科学的沟通制度，沟通机制便于企业内部加强协调，避免相互指责推诿责任。

总之，为了使全员赢销活动顺利展开并收到实效，各部门应该尽量给其他部门提供服务和支持，即满足顾客需求，而不是各自为政，让别人来适应自己的条条框框。

营销部门是全员赢销的"排头兵"，
其他部门是"勤务兵"

营销部门的职能应该是全面负责公司产品的经营销售及售后服务，实现公司的利润，达到公司的经营销售目标。营销不仅包括销售，也包括市场推广。也就是说，营销部门和财务部、工程部、技术部、后勤部等不同，它是直接与市场打交道的部门，是使公司实现利润的核心环节，所以营销部门具体的功能设定非常重要。具体到全员赢销活动，营销部门扮演着重要的管理和带队角色，带领其他部门一起冲锋陷阵。因此有人说营销部门是全员赢销的"排头兵"，其他部门是"勤务兵"。

在全员赢销活动中，企业的研发、生产、财务、行政、物流等职能部门必须以市场为核心，各项工作都要服务于营销部门的全员赢销工作。此时的营销部门可采用"4C"营销理论来指导各部门的工作。

☞4C 营销理论优势

4C 营销理论重新设定了营销组合的四个基本要素，即 Customer（顾客）、Cost（成本）、Convenience（便利）和 Communication（沟通），从而瞄准消费者的需求和期望。这一理论的优势，如表 7 - 3 所述：

表7-3 "4C"营销理论四大优势

优 势	含 义
瞄准消费者需求	由于消费者的生活经历、受教育程度、工作性质、家庭结构、个人审美情趣等各不相同，每个人对商品品质需求的侧重点也大不相同，因此要了解并满足消费者的需求并非易事。"4C"理论认为了解并满足消费者的需求不能仅表现在一时一处的热情，而应始终贯穿于产品开发的全过程
消费者支付成本	消费者为满足其需求所愿意支付的成本包括：消费者因投资而必须承受的心理压力以及为化解或降低风险而耗费的时间、精力、金钱等
消费者的便利性	咨询、销售人员是与消费者接触、沟通的一线主力。他们的服务态度、知识素养、信息掌握量、语言交流水平，对消费者的购买决策都有着重要影响，因此这批人要尽最大的可能为消费者提供方便
与消费者沟通	很多营销人员以"请消费者注意，而不是注意消费者"为出发点，忽视对目标消费者的了解和对消费者心理的深刻洞察。"4C"理论则强调与消费者沟通，全面了解消费者需求

☞全员赢销活动中营销部门对"4C"营销理论的运用

在全员赢销管理实践中，营销部门对"4C"营销理论的运用体现在以下几个方面。如表7-4所述：

表7-4 "4C"营销理论的运用

策 略	实施要点
部门沟通机制建设	营销部门必须了解和研究顾客，根据顾客的需求来提供产品，同时还要提供服务，更重要的是把握由此产生的客户价值
做好客户购买成本管理	营销部门必须研究顾客的购买成本，产品定价情况应该是既低于顾客的心理价格，也能够让企业有所盈利。此外，这中间的顾客购买成本不仅包括货币支出，还包括其为此耗费的时间、体力和精力以及购买风险
为客户提供便利	营销部门必须多考虑顾客的便利，而不只是图自己方便。要通过好的售前、售中和售后服务让顾客在购物的同时也享受到了便利。便利是客户价值不可或缺的一部分
积极与客户沟通	营销部门必须通过同顾客进行积极有效的双向沟通，建立基于共同利益的新型关系。这是在双方的沟通中找到能同时实现各自目标的通途

总之，在全员赢销活动中，营销部门只有扮演好"排头兵"的角色，运用科学的管理手段，才能带领大家以最低的成本、最直接的手段进行营销，为公司创造佳绩，也为部门及个人带来奖励和回报。

非营销部门员工也要开展"赢销活动"实践

"全员赢销"实际上是不分部门和人员的，企业的研发、生产、财务、行政、物流等职能部门必须以市场为核心，各项工作都要服务于营销部门的工作。也就是说，非营销部门员工也要开展"赢销活动"。为此，各部门应该做好本部门相关工作。

☞以"全员赢销"观念规划本部门的资源

非营销部门也要用"全员赢销"观念来规划本部门的资源，充分发挥部门职能，以推动公司的全员赢销活动向前发展。

☞以"全员赢销"观念帮助本部门员工理解赢销工作

非赢销部门员工还可以开展赢销实习，帮助员工理解赢销的工作实质，进行换位思考，提高整体协调性。更为关键的是要进行"市场危机"教育，让部门员工有效地理解市场部门的困难度及重要性，同时有效地将"部门主体"及"公司员工主体"进行有效整合，以推动赢销工作的开展。

☞以"全员赢销"观念开展本部门的工作

非营销部门应该向营销部门学习，提高工作效率，以赢销观念来规划本部门的工作，以赢销的市场竞争观念来开展工作，这样能最大化地提高部门工作效率。非营销部门员工特别是中小企业员工在工作时间要积极开展"赢销活动"，这样能有效地让所有员工理解"赢销"的观念与方法。

☞以"全员赢销"观念管理本部门工作

非营销部门开展"赢销活动"的实践，需要部门领导做好管理工作。这就要切实地做好以下五点，如表7-5所述：

表7-5　本部门管理工作五大方法

管理方法	实施内容
保证质量	保证质量先从员工做起，提倡从岗位做起、从自己做起、从细节做起；把生产、检验与业务各环节联系起来，才是打造"诚实与信誉"的开始
杜绝取巧或是夸张	在产品推向市场、面向消费者时，宣传产品必须以要实事求是为根本，取巧或是夸张的做法都是不明智的。否则，当消费者使用之后，有可能使公司的名誉一落千丈
言而有信	对待业务往来的客户，尤其是对应付款的供应商，更要做到"言而有信"，将诚信落实到行动上。即使资金周转不过来，也应事先给供应商解释清楚，延缓一下付款时间，但绝不可一拖再拖。因为在危机出现时他们的援手才显得情意深厚
顾客为先	要培养员工"顾客为先"的观念，让每位员工明白当前所做的工作是与顾客息息相关的，这样激励员工都齐心协力朝一个共同的目标迈进：顾客先赢，然后企业才真正赢
赏罚分明	员工表现好，做出成绩或贡献的，奖励要及时兑现。对在工作中出现失误、违反规章制度者，应严格按规定条款处理，不能因受罚人的社会背景，以权或人情代替制度。这样才会使每个员工心悦诚服

总之，非营销部门开展"赢销活动"，不但能够实实在在强化"以客为先，服务为本"的经营理念，而且能够推进以"服务顾客"为中心的全员赢销活动持续而有效地发展。

第八章　全员赢销战略下
非营销部门的整合

企业的全员赢销是各个部门及全体员工的总动员，需要所有员工发挥出最大能量，而员工的积极性和爆发的能量与本部门的管理工作息息相关。因此，在全员赢销战略下，各非营销部门要全力配合，科学整合，以使全员赢销真正成为多方受益之举。

首脑部门的全员赢销管理

企业首脑部门的全员赢销管理实务具体来说是四种战略的规划，即市场发展战略、与全员赢销相适应的企业文化战略、STP目标市场营销战略和多赢竞争战略。把这四项工作做到位，全员赢销活动就有了方向，才能落到实处并实现多赢。下面就企业首脑部门如何做好这四项工作进行解读。

市场发展战略是首要任务

市场发展战略是由现有产品和相关市场组合而产生的战略。它是发展现有产品的新顾客群或新的地域市场从而扩大产品销售量的战略。作为企业战略的核心和基础，市场发展战略的制定必须体现企业战略的本质要求，以确保企业战略目标的顺利实现。

☞确定企业任务和目标

企业任务通常是由企业的高层管理决定的。在确定企业任务时，主要考虑如下因素：企业以往的突出特征，企业周围环境的变化，企业的资源状况，企业的特有能力。衡量一个企业的任务报告是否切实有效，应从以下几个方面考虑：一是是否按照目标市场的需要来规定和阐述企业的任务；二是是否根据企业的资源能力来规定和表述其业务领域，使业务领域宽窄相宜；三是是否能使企业全体职工从任务报告中受到鼓舞，感受到他们工作的重要性和对社会的贡献；四是任务报告是否具体明确，为顺利执行任务而提出的方针、措施应该是明确具体的，以尽量限制个人任意解释的范围和随意处理问题的权限，使企业内部各个方面的活动有章可循、责权分明，确保各个环节的协调配合。

在明确了任务之后，就应当将任务进一步具体化为一定的企业目标。企业目标是企业未来一定时期内所要达到的一系列具体目标的总称，可以分为短期目标和长期目标。企业目标是多种多样的，这些目标主要包括贡献目标、发展目标、利益目标和市场占有率目标。

☞分析市场环境和企业实力

分析市场环境，是企业制定营销战略的主要依据。分析市场环境，重点是要对未来有长远影响力的因素进行分析。也就是说，应以市场环境因素的分析为重点，分析的项目主要围绕怎样才能充分满足消费者的需求，在营销过程中如何抗衡竞争对手，在竞争中发挥优势，如何扩大联合力量，增强企业竞争地位。市场环境的分析，必须建立在周密的调查研究和准确的情报信息的基础上。其主要包括顾客需求情况、市场竞争情况、供销渠道情况和政府有关方针政策等。

企业实力分析就是对企业本身的经营条件和经营能力进行实事求是的分析，找出企业本身的特长和不足，优势、劣势和差别优势，估计企业在人力、财力、物力方面的潜力，竞争能力和应变能力等。

☞拟定预选方案

在企业的发展战略目标制约下，管理部门要根据对市场环境和企业实力的全面分析，拟定几个不同策略组合的发展战略方案供企业领导决策。每一个备选的方案要有详尽的信息和科学分析，还要有优劣比较，对所实现的目标，一定要有量化分析，对不能量化的，也应清楚地加以说明。拟定预选方案时要提倡创新精神，不要因循守旧地搞老一套，要发挥群众智慧，设计多种方案；要提倡通过专家论证进行优选，不要凭个别领导印象定案，以防止片面性或较大的失误。

☞综合评价选优

这是企业制定发展战略的一个关键性的步骤。具体方法就是领导人员组织专家，对各种预选方案进行经济与技术的全面评价，分析论证其技术可行性与财务效果，从中择优选出一个既符合国家方针政策，又能满足目标市场需求，并能为企业带来较大经济效益的"最优方案"或"满意方案"。在这个过程中，财务可行性分析论证是非常重要的。有条件的话，还可进行电子计算机模拟比较，从中优选满意方案。

☞控制实施

发展战略方案选定以后，就要控制其正确执行。在执行中，发现问题要及时反馈给决策机构，以便及时采取措施，进行必要的补充或做较大的变更，使发展战略在市场营销实践中不断发展、不断完善。

总之，企业首脑部门的市场发展战略，既要以本企业的微观经济活动为基础，又要以宏观环境为依据进行规划，进而制定本企业的长期营销目标和营销战略。只有这样，才能在企业开展的全员赢销活动中指导全员赢销持续、平衡地发展，指导企业从容地应对市场竞争，指导企业主动地适应需求、引导消费并有效地调动员工积极性。

制定与全员赢销相适应的企业文化战略

企业文化是为企业发展服务的，应该随需而变。企业开展全员赢销，企业文化就要承担全员赢销的重要使命，因此要制定与全员赢销相适应的企业文化战略。

☞树立正确的企业文化战略思想

由于企业文化体现了企业的共同价值准则和精神观念，对企业职工有着强烈的内聚力、向心力和持久力，具有无形的导向、凝聚和约束功能，因此，树立正确、健康、向上的企业文化战略思想对于创建优秀的企业文化具有重要的指导作用。

☞确定企业文化战略模式

由于不同企业所面临的环境不同，企业发展的阶段也有差别，企业职工的文化素质参差不齐，因此企业文化的战略模式也各有千秋。开展全员赢销要选择适合自己的企业文化的战略模式。一般而言，企业文化战略模式包括以下几种，如表8－1所述：

表8－1　企业文化战略六大模式

模　式	含义与特点
先导型	全力以赴追求企业文化的先进性和领导性，如抢先型、改革型、风险型的战略模式
探索型	敢于开拓，敢于创新，敢于独树一帜，与众不同
稳定型	按照自己的运行规律步步为营，稳扎稳打
追随型	并不抢先实施企业文化战略，而是当出现成功的经验时立即进行模仿或加以改进
惰性型	奉行稳妥主义，不冒风险，安于现状
多元型	没有一成不变的战略模式，坚持实用态度，或综合进行，或任其发展，哪种模式有用就采用哪种

☞划分企业文化战略阶段

由于不同企业的发展具有不平衡性，企业文化的进程有先有后，就是同一个企业的发展也有不同发展阶段，企业文化战略的实施进程有快有慢。一般而言，企业文化战略阶段包括初创阶段、上升阶段、成熟阶段、衰退阶段和变革阶段。在开展全员赢销的过程中，应当实事求是地认真分析自己企业所处的战略阶段，以利于全员赢销活动的持续进行。

☞制定企业文化战略方案

制定方案要坚持可行性准则，既要把握方案的时机是否成熟，又要注意该方案在实践中能否行得通，同时还要兼顾必要的应变方案。最后通过一定的评估方案，选出理想的最佳方案或理想的综合方案。

☞明确企业文化战略重点

对于不同的企业来说，文化战略的侧重点有所不同，有的重点在于培养企业精神、企业意识、企业道德。全员赢销战略下的企业文化战略重点，应该以"赢销"理念为核心内容。抓准这个战略重点，不仅有助于全员赢销活动取得重点突破，而且也会由此而找到企业走上振兴之路的关键枢纽。

☞选择卓有成效的企业文化战略策略

企业文化战略策略是为实现"全员赢销"目标而采取的重要措施、手段和技巧。企业应当根据战略环境的不同，选择别具一格和新颖独特的战略策略，以达成战略目标和推行战略行动。一般而言，企业文化战略策略应该遵循以下原则，如表 8 - 2 所述：

表 8 - 2 企业文化战略策略四大原则

原 则	含 义
针对性	必须针对实现全员赢销目标的需要
灵活性	要因时、因事、因地随机应变，以适应全员赢销过程中所发生的变化
适当性	要讲求实效，恰到好处，不过分追新和夸张或搞形式。而这正是全员赢销的主张之一
多元性	各种策略技巧相互配套，有机结合，谋求最佳配合和整体优势，从而有利于全员赢销整体水平的提升和开展

总之，企业文化战略是指在正确理解和把握企业现有文化的基础上，结合企业任务和总体战略，分析现有企业文化的差距，提出并建立企业文化的目标模式。全员赢销战略下的企业文化战略的制定，无疑要契合"全员赢销"理念，并在制定过程中使各个环节相互衔接。

做好 STP 目标市场营销战略的策划者与带头者

STP 是 Segmenting（市场细分）、Targeting（目标市场）、Positioning（市场定位）三个英文单词的缩写。STP 营销是现代市场营销战略的核心，首脑部门应该做好 STP 目标市场营销战略的策划者与带头者。

☞目标市场营销战略的策划

目标市场营销战略的策划有以下几个主要步骤，如表 8 - 3 所述：

表 8 - 3 目标市场营销战略策划五大步骤

步 骤	实施细则
分析市场环境	企业所处的环境包括政治、经济、文化等方面，这些方面对企业准备进入市场尤为重要。首脑部门在深入了解企业所处环境的基础上，根据购买者对产品或营销组合的不同需要，将市场分为若干不同的顾客群体，并勾勒出细分市场的轮廓，有利于做出正确的战略选择

续表

步　骤	实施细则
瞄准目标市场	目标市场是指企业进行市场细分之后，拟选定进入并为之服务的子市场。首脑部门通过将整个市场划分为若干个子市场，并对各子市场的需求差异加以区分，选择其中一个或几个子市场作为目标市场，开发适销对路的产品，形成相应的市场营销组合，以满足目标市场的需要
确定资源分配水平	一般来说，实现市场目标的经营活动决定了所需各种资源的水平。由于可以利用的各种资源是有限的，首脑部门在选定目标市场后还需要选择一些战略方案，不是紧急的计划或可以延期执行的计划都可以暂时放弃
选择整体战略	企业的营销战略就是首脑部门对如下关键的业务问题的答案：是建立单业务组合还是建立多元化业务组合？是满足广泛的顾客需求还是聚焦于某一个特定的小市场？是将企业的竞争优势建立于低成本之上还是建立于产品质量的优越性上？覆盖多大面积的地理区域？如何对新市场和环境做出反应？因此，市场营销战略实际上反映了首脑部门所做的各种选择，表明公司将要致力于某些特定的产品、市场、竞争策略
确定市场营销组合	市场营销计划是为实现全员赢销而制定的行动方案，它比较复杂又具有综合性，涉及产品、分销、促销、价格四个重要因素，这四个大因素被称为市场营销组合因素。首脑部门制定目标市场营销战略应该体现和贯彻这些组合

☞目标市场营销战略的执行

目标市场营销战略的执行是指将目标市场营销战略计划转化为行动方案，并保证这种任务的完成，以实现既定目标。为此，首脑部门的职能、方案、政策等都应当善于运用四种执行技能，如表8-4所述：

表8-4　目标市场营销战略四大执行技能

技　能	内　容
配置技能	是首脑部门在职能、政策和方案三个层次上配置时间、资金和人员的能力
调控技能	包括建立和管理一个对市场营销活动效果进行追踪的控制系统，控制有四种类型：年度计划控制、利润控制、效率控制和战略控制
组织技能	首脑部门一方面要理解各部门职能的发挥对开展全员赢销活动的重要性，另一方面要发挥"首脑"的作用，组织和协调好各部门的多种资源

续表

技 能	内 容
互动技能	首脑部门有影响他人把事情办好的能力，因此不仅要做规划执行的带头者，引领企业内部人员有效地执行规划，还应该积极推动企业外的人或企业，如市场调查公司、广告公司、经销商、批发商、代理商等来实施规划，即使他们的目标与本企业的目标有所不同

制定多赢竞争战略

竞争战略是在企业总体战略的制约下，指导和管理具体战略经营单位的计划和行动。全员赢销追求"共赢"，因此首脑部门应该制定多赢竞争战略，贯彻以专注于客户为主导的思想理念。

☞以专注于客户为主导，在各自做大做强的相互竞争中取得"共赢"

从根本上说，在给客户更大消费者剩余的基础上，无论是产品运作，还是资本运作，同行之间的关系基本存在平行模式、互补模式、主配模式、共生模式和消长模式五种以上的可能性。

☞以专注于客户为主导，在积极推进业态革命的相互竞争中取得"共赢"

当零售商不再单枪匹马面对讨价还价的顾客时，当他同经销商、制造商等整合为一个供应链（因而可以通过连锁经营、统一配送、集中采购，从而大大提高效率、降低成本，从而使商品更加物美价廉了）时，同这些昔日的竞争对手之间的关系，便进入了一种现代的竞合状态，成为一种"共赢"（如果搞得不好的话，亦可能共赔）的模式业态。

☞以专注于客户为主导，在扩张边界中同对手构造"共赢"格局

企业自身的扩张边界，至少可有三种以上的选择。第一种，仅仅将原在厂家"厂内"的销售环节整合过来，与自己的零售部门"合二为一"。这可以说只限于"一步进入"的扩张。第二种，在第一种的基础上，同时将其市场、品牌也整合过来。这可说是"两步进入"的扩张。第三种则是除了以上两项，还要同时将制造并进来。

☞以客户为主导，实施产业集成战略并建立"共赢"格局

产业集成战略可以使信息等资源实现共享，而且作业程序、工艺流程统一，资金、人员的调配更加内部化，因而在总体上大大降低了成本，提高了附加值。这使客户多得实惠的同时，各公司之间亦会多得收益。

☞以专注于客户为主导，在打造核心能力体系中建立"共赢"格局

企业核心能力机制得以正确发挥的竞争战略，要求企业必须以专注于客户而不是竞争对手为主导，因而获胜之道在专注于客户。在这个过程中，积极、认真而且具体地推进核心能力机制，可以同对手之间形成双赢或多赢竞争的战略格局。

总之，制定多赢竞争战略需要以专注于客户为主导，在各自做大做强、业态革命、边界扩张、产业集成战略、打造核心能力体系等方面充分考虑资源、发展、战略、企业文化等问题，以利于参与各方在实施过程中相互认同、信任，为共同利益目标而努力。由此也可以看出，多赢竞争战略是企业应对经济低潮，实现逆境突围的一把利器。

行政部门的全员赢销管理

在全员赢销战略下，企业行政部门作为非营销部门参与赢销活动，对企业整体营销能力的提升具有重要作用。在全员赢销活动中，企业行政部门的管理实务具体来说主要包括：做好领导的参谋和助手；对全员提供准确及时的信息；发挥本部门的主要功能作用。

做好领导的参谋和助手

在全员赢销活动中，企业行政部门的职责不只是在日常事务的层次上，更重要的是做好领导的参谋和助手，当好领导的"外脑"，为领导决策服务。

☞要讲究方法，不乱发表议论

企业行政部门做领导参谋的方式是多种多样的，可直接进言，交谈自己的观点、看法、意见，也可通过调研报告、起草讲话、报送信息等形式提出建议。采取哪种方式参与议政更为合适有效，必须具体情况具体分析，认真权衡。要根据领导的个人特点和涉及事物的具体情况确定参与议事的方式，使自己的思想、观点、认识与领导的意志融为一体，被领导认可和采纳，方能达到参谋议事的目的。

☞要掌握分寸，不要越位出格

企业行政部门在领导决策中处于辅助从属地位，主从关系不能颠倒。参谋只能帮助决策，不能代替领导决策。办公室的工作要站在全局的角度和领导的高度认识问题、分析问题，才能真正发挥参谋助手作用。因此，要严格做到守纪律、懂礼节，会干事、干成事，不越位、不缺位。对领导的工作意图，必须要有正确的认识，要想领导之所想，供领导之所需，急领导之所急，尽量接近领导思维，帮助领导正确决策，不能因为领导信任，就瞎掺和、乱搅和，影响领导做出正确决策。

☞要把握火候，讲究建议效果

企业行政部门的参谋和助手工作要适度超前，提前进入角色，思维在前，服务在前；选择适时，要在领导未注意时适时提出建议，要在领导决策前适时拿出主意；善于理解，对提出的建议、主张，领导采纳了要及时实施，未采纳的，不能自弃，更不能埋怨，要服从领导，按领导的意图办事。

☞要坚持原则，严格按章办事

企业行政部门不但要协助领导建章立制，规范管理，而且要坚持"制度管人，人人平等"的原则，抓好各项规章制度的落实，严格考核，公平奖惩。同时，还要严守纪律，按章办事，自觉遵守各项规章制度，处处起表率作用。

☞要改进方式方法，提高工作水平

企业行政部门要讲究工作重心，突出工作重点。抓住主要矛盾，不忽视次要矛盾。先急后缓，先主要后次要。在解决主要矛盾的同时使次要矛盾也得到解决。要讲究工作策略，注重工作方法。提高工作主动性、时效性、科学性，克服盲目性，变被动为主动，做到"有的放矢"。要注意事物的发展规律，严守工作运行程序。找准工作切入点，把握工作着力点，解决工作难点，达到事半功倍的目的。

总之，企业行政部门必须完全树立诚实、守信、严谨、勤勉、服务的思想意识，只有这样，才能真正发挥为领导服务的工作职能，做好领导的参谋和助手，为企业全员赢销活动的正常运行做出积极的贡献。

对全员提供准确及时的信息

企业行政部门为各部门提供准确及时的情报、信息、资料，对全员赢销活动显然是非常必要的。为了给各级部门及时、准确、全面地提供信息，行政部门需要采集信息，还需要具备对信息进行分析的能力。

☞采集信息

企业行政部门最重要的工作是及时了解企业内部情况发展变化以及国家政府机关相关政策和法律规定的变化，搞好信息的采集工作，为各部门提供切实有效的信息。这是企业行政部门的本职工作。

信息包括企业外部信息和内部信息。外部信息具体包括：国家相关政策法规；社会习惯、风俗、时尚变化；市场需求、消费结构、消费层次的变化；竞争企业信息；科学技术发展信息；突发事件；等等。内部信息具体包括：财务状况；生产状况；产销状况；采购、库存信息；设备的使用和管理；人才资源；等等。对这些信息的采集，可以不断提高自己的知识储备。

☞分析信息

企业行政部门对各公司、各部门报来的情况，既不能简单罗列，搞加减式的归纳，也不能脱离实际地任意提高，设计"空中楼阁"。在收集全面、大量信息的基础上，要经过去伪存真、去粗取精、由此及彼、由表及里地比较、分析、加工、综合，找出带有规律性、普遍性的问题，以保证为各部门提供的信息真正具有价值。

总之，企业行政部门提供的信息，直接关系全员赢销战略的部署和落实，因此要坚持高标准、严要求，让有价值的信息帮助参与全员赢销的部门和员工"赢"得业绩。

发挥本部门的主要功能作用

企业行政部门人员必须明确自身部门在企业中所起到的主要功能和作用，顺应企业的发展方向，切实解决企业问题，才能更好地在企业中体现自身价值。具体来说，在人性化管理中要做到有人情味，在充分沟通的基础上做好协调，在服务上当好幕后英雄。

☞在人性化管理中做到有人情味

全员赢销追求企业全体员工协同作战，共谋利益，其间充满了相互之间的关注、关心和支持，因此，行政管理工作要注重人性化管理，做到有人情味。

行政部门的管理简单分为内部管理和外部管理。在内部管理方面，行政部门制定的各项管理制度、岗位责任制度、工作程序以及一系列规范化表格、图表，应该便于企业员工的日常工作需要，同时还应通过这些标准对企业运营、员工工作表现等进行督促和监管，要通过合理的方式，充分利用和合理调配企业的人力、物力、财务、技术等资源，为企业开源节流、提高经济效益，加快企业的发展。在外部管理方面，行政部门作为企业对外公关关系的窗口，代表老板和企业的形象，也需制定针对分门别类对外关系的各种方案措施，加之有效的管理和施行。

☞在充分沟通的基础上做好协调

没有充分沟通的协调不能成为真正的协调。协调作为企业行政管理的核心，尤其应该主动做好上与下、左与右、里与外的沟通，在充分沟通的基础上做好协调，推动全员赢销活动的协调开展。

对内，企业行政管理者绝不能简单地以传达领导的命令为目的，也不能盲目地以权压人，行政部门应该主动做好各方面的沟通，在充分沟通的基础上做好协调，以老板目的为宗旨，从员工的角度和立场出发，平衡好两头的关系，用婉转、和谐的方式达成老板最初的愿望。对外，行政部门还要负责协调和优化企业外部关系。企业要享受政府扶持政策、得到客户的长期需求以及伙伴的长期支持等，除老板、业务员日常维系关系外，行政部门要在处理这些对外事务上注意两方的立场和利益，协调好多方关系，力求在达到企业最初目的同时也要维护好企业良好的形象。

☞在服务上当好幕后英雄

服务是企业设立行政部门的根本目的。全员赢销注重服务，行政部门可以通过自己的行动充分表现出来，其理想境界应该是"润物细无声"。行政人员必须认清自己在企业中的地位，端正工作态度，以服务企业为根本，把老板和员工从繁重、琐碎的行政事务和生活琐事中解脱出来，可以集中精力、轻装上阵，研究市场形势，考虑企业的发展战略，探讨企业的组织架构，任用企业的各种人才，实施企业的全员赢销战略，解决企业所面临的重大问题。总之，企业行政部门应该充分发挥管理、协调和服务三方面的功能，做好领导的参谋和助手，为全员赢销谋取尽可能大的经济效益。

研发部门的全员赢销管理

企业研发部门是企业技术创新的基础平台，是企业全面提高自主创新能力的中坚力量。在全员赢销战略下，企业研发部门的工作主要包括：研究品类，做商品专家；在新产品设计中融入全员赢销思维；从源头查证新产品失败的原因及控制方法；产品对应市场的基本准则。

研究品类，做商品专家

在全员赢销战略下，企业研发部门对商品品类进行研究具有重要意义，不仅可以使自己成为商品专家，而且可以极大地助推全员赢销活动的展开与发展。

☞什么是品类

按照国际知名的 AC 尼尔森调查公司的定义，品类即"确定什么产品组成小组和类别，与消费者的感知有关，应基于对消费者需求驱动和购买行为的理解"，而家乐福则认为"品类即商品的分类，一个小分类就代表了一种消费者的需求"。还有一种理解就是，品类即商品种类。一个品类是指在顾客眼中一组相关联的和（或）可相互替代的商品和（或）服务。

一般情况下，品类分为四个品类角色：目标性品类、常规性品类、季节性品类、便利性品类。不同的品类角色意味着不同的品类策略和品类目标。比如目标品类是一个门店或品牌的标志性品类，起到创造形象，吸引客流，增加客流，创造销售的作用，因此应给予最优厚的条件，例如，最大频率的促销，最充裕的陈列位置，同城市最有竞争力的价格，最优质的进货补货，给予相应供应商最优先的结款等。

☞商品品类研究

对商品品类的研究，其内容主要包括品类优化分析、促销分析、定价分析、新品分析和利润分析。如表 8 - 5 所述：

表8-5 商品品类研究五大方法

方法	实施要点
品类优化分析	是根据参与全员赢销的全体员工自身的销售份额数据及市场的销售份额数据对品类中的各规格进行分析。针对各规格在市场的不同表现情况做出不同的建议，确定其日后的经营计划
促销分析	是通过对以往促销记录进行对比分析，从而提高促销的有效性，得到最好的销售回报
定价分析	是企业研发部门对全员赢销做出有效反应的决策支持
新品分析	利用新品的许多指标，如推出厂家的情况、推出时伴随的广告力度、促销支持等信息，来对每个新品作出量化的分析，从而为客户是否接收这种新品以及怎样对新品进行资源分配提供科学的建议
利润分析	利润分析不仅属于财务的范畴，而且也是企业研发部门品类管理进行到高层阶段须解决的问题。通过各规格的利润产出分析、不同促销形式的利润产出分析等，从另一个角度提供决策分析

在新产品设计中融入全员赢销思维

产品设计是一个创造性的综合信息处理过程，通过多种元素如线条、符号、数字、色彩等方式的组合把产品的形状以平面或立体的形式展现出来。而新产品上市不但要考虑新产品适应整个企业的产品体系的速度，也要考虑新产品的市场增长速度。在全员赢销战略下，企业研发部门在新产品设计中融入全员赢销思维，在新产品推出时有利于获得市场突破。

☞根据需求设计新产品

全员赢销讲究充分了解市场，了解消费者需求，强调企业适应市场要求。那些在没有清晰的市场调研之前就根据感觉设计的新产品想要取得赢销成功难度非常大。因此，企业研发部门设计新产品时要充分了解市场需求，比如，消费者市场到底怎么样？有没有足够的消费需求存在或者未被满足？只有根据市场需求设计出来的新产品才能获得市场突破，进入市场进而赢得市场。

☞做好产品定位

全员赢销注重产品的目标定位，清楚产品吸引的是哪类或某几类消费群体、这样的消费群体消费实力如何、易于接受多少的价格空间及指数。新产品设计除了这种定位思想外，还要考虑利用定位来判断企业的能力范围之内是否能够真正处于那个位置。因此，产品定位的设计最重要的不是找位置，而是详细研判企业是否拥有足够的能力处于那个位置。

☞营销渠道体系构建

全员赢销的渠道理念是根据目标选择适合产品销售的渠道，以便于最大化地为消费者提供购买的便利。显然，新产品上市营销策划也一定不会忽略掉营销渠道体系的构建。可取而且可行的做法是样板市场和其他目标区域市场要求同时进行，只是样板市场投入的精力要多、投入的资源要大，这样可以保证样板市场的建设速度快于其他市场。

☞政策与策略的融合

制定新产品上市的市场营销策略是颇为伤脑筋的事情。总的来说，新产品上市的市场营销策略的制定一定要围绕企业的全员赢销战略来做，无法支撑全员赢销战略的营销策略都不应该存在，无法精准支撑全员赢销战略的营销策略都需要被修改。

☞市场信息反馈

无论做什么样的工作，总结和分析永远是有效而必需的。新产品设计的反馈可以通过全员赢销活动情况来考量评估，也可以通过小范围的市场调查来获取，具体使用什么样的方法则取决于当时具体的情况。

总之，新产品设计要将全员赢销思想灌注其中，以满足市场需求为目标，并能够适应终端渠道，同时要做好信息反馈，以便使设计趋于完美。

从源头查证新产品失败的原因及控制方法

市场中不乏因一款新产品推出而博得市场厚爱，自此奠定江湖地位、称雄武林的公司。但不幸的是，失败的公司远多于喝庆功酒的公司。也就是说，至少有近一半的推出新品类的公司以失败告终。那么怎样尽量避免成为这不幸的一半呢？一是从源头查证新产品失败的原因，二是掌握控制方法。

☞查证原因

新产品失败的原因各不相同，但无外乎以下几方面：一是前期对市场的调研分析的偏差；二是对自身实力估计不足，没有认清自己的优劣势；三是内、外部工作配合以及人员协调管理欠佳，市场规划不完善；四是对外部竞争对手了解不够，没有恰当的应对措施。

一些资深营销人员根据市场的实际情况，发现新产品失败的最主要原因依次为以下几点：产品满意度不够；产品知名度不高；市场定位模糊，卖点不正确；分销渠道不当或分销不力；促销活动不足；销售管理混乱，引起内讧并扰乱了市场；价格太高，无法与竞争对手抗衡，或者顾客不愿购买；销售人员的销售能力低劣；选错了销售市场；老板的个人意愿作祟。

前车之覆，后车之鉴。企业研发部门要充分了解这些问题并引以为鉴。只有科学规范地执行新产品上市流程，各项工作环环相扣，节节递进，使新产品上市在市场人员的掌控之中，最终新产品的上市的成功才会变得更加理所当然。

☞控制方法

任何品牌的成功都闪耀着商业智慧。新产品上市营销是严谨的技术，也是实践的艺术。其控制方法如表8-6所述：

表8-6　品牌控制三大方法

方　法	实施细则
领导督导	企业研发部门要抽出主要有权威的领导来做好方案理解督导工作，领导自己不懂，那就无法做好方案的整体督导工作，督导的目的是把方案的每一个环节做到准确无误，而不是把领导的个人意志融入方案中去，那是大忌
做细流程	在方案出台后，一定要同时出台一整套的工作执行流程方案，而且要对流程进行全面的培训，流程做得越细，其防止新产品形成"夹生饭"的概率越小。事实上，流程比制度更重要，因为制度是出了事情后才会用制度来纠正这种错误行为的，而流程是在工作没有开始就知道只有规范地去做，才有可能不违反制度，最后使产品顺利上市
制度制约	发挥制度的约束力，要强调每一个细节，因为制度太粗，一旦犯了错误可能连纠正的机会都没有，只有细化制度，当问题出来时，才不会影响其他工作计划的实施，把问题消灭在最小的范围内

产品对应市场的基本准则

产品对应市场有几种说法，一种说产品应该适合市场的需求或者需要，一种说产品要符合市场的需求。这些都是一种朴素的说法。从"赢销"角度看，产品对应市场应遵循以下的基本准则：利益对应、需求对应、定位对应、表现形式对应。

☞利益对应

每一件产品都有核心利益。如果在满足消费者需求的同时，又给消费者另外一个附加值，产品的利益价值就增大了，价格也随之提高了。但是，由于市场还没有进化，或者说还没有成熟到接受这些附加功能和利益的时候，所以虽然产品不错，但却卖不动。因此，产品利益对应市场首先要知道买的这些人，他们到底是要核心利益还是要那个附加的捆绑利益，抑或要个性利益和个性利益的附加捆绑。这些都涉及消费群体是否有这个需求。其次要使产品的利益和宣传的利益相一致。"赢销"的规则就是不欺骗消费者，否则就失去了市场基础。

☞需求对应

需求是在需要的基础上产生的，因此产品就要满足消费者需求的选择性，即满足消费者的真正需要。既然需要把产品的市场需求关系理顺，就要理清楚产品是否对应着这个市场；同时，要从多角度对应市场需求，即满足消费者的多样化、个性化需求。从策划的角度来讲，就需要寻找这方面的差异性，然后把它归整到这个规则里面，让它跟消费者的需求能对应起来。

☞定位对应

产品定位去对应市场或者市场定位对应产品，首先要看是先有一个市场还是先有一个产品。有的企业是先有一个产品，然后拿产品去找市场；有的企业是在想生产产品时，先看看有没有这个市场，再根据市场上的反馈去生产一个产品。这是两个定位方式。一个是先定位市场后拿产品去对应，另一个是先生产一个产品后找市场去对应。另外，产品定位对应市场的问题，需要看产品利益的阶段发展和市场的需求发展。不同产品的市场阶段对应的利益不同，而且区隔市场和细分市场不是随时可以用的，为了一个小市场去做推广，往往不值得。

☞表现形式对应

消费者是通过产品所表现出来的形式而接受产品的。一方面，所有的表现形式都是对应需求的；另一方面，不同产品形式有自己对应市场的定位表现，比如服务性产品，你给消费者的是哪种服务？是一种结果性的服务，还是利益性的服务？有些利益性的服务是有概念性区别的。这就要求产品的利益表现也是要跟它的设计功能相匹配的，否则很可能产生不对位、不对称的现象。

产品对应市场从某种意义上说也就是产品适合市场。企业如果能够使产品适合市场需求，其不可替代的重要作用和竞争力便会显示出来，而企业全体员工参与赢销便会大获全胜。

采购部门全员赢销管理

在全员赢销战略下，企业采购部门以全员赢销为制定采购计划的方针，还要考虑从营销与赢销的角度选择采购方式和降低成本。

全员赢销是采购计划的制定方针

全员赢销强调调动各方面力量的积极性，充分发挥资源优势，共谋"赢"局。以全员赢销作为采购计划制定方针，要求对人力、财力、物力等资源进行合理配置，让资源价值最大化，并控制库存，规避风险，从而取得最佳的经济效益。

☞选择最佳商品

即选择企业或者顾客需要的商品。由于商品计划是根据生产需要、市场调查、商店的方针和重点顾客群的需求而制定的，所以商品选择计划中的商品当然是企业和顾客所需要的商品。在选择商品时要注意计划不能太死，要有弹性。在制定商品选择计划时，不仅要考虑以后生产的需求以及销售形势的变化情况，还应特别注意要站在顾客的立场上选择新型的商品。

☞确定商品数量

选择适当的商品数量也要在采购计划中实现，也就是要预测每种商品在某段时间内的使用和销售情况，在设定时越是尽可能地细化、量化，那么这个值在与生产和销售计划上的数量比较时，所产生的误差就会越小，从而可以减轻企业的库存负担。企业的利益在于健全的计划而不是大量进货。再加上还存在购入价格偏高和丧失机会等问题，所以从健全采购计划以及确保销售渠道两方面考虑会更有利于企业降低成本，降低经营风险。

☞合理价格预期

企业在制定生产和销售计划时，要根据所瞄准的顾客层次设定各种产品的适当的价格。问题是，顾客在你的企业询问了你的价格后，再到别的企业去看过后会做出什么样的判断。坦率地说，能否赚钱并不是判断买卖成交的标准，是否卖得出去才是买卖成交的重点。采购时的价格设定也是如此，是否能卖出去，也就是说是否能提供给顾客有吸引力的价格是采购商品的标准。

☞制定采购周期

过早采购商品就不能与代理商相联系，销售会显得单调。而采购时期过晚会产生许多麻烦，错过最佳采购时机带来的不仅是价格上的劣势，更是销售上的劣势，这将使之前的所有努力化为泡影，甚至导致企业浪费大量的采购成本。

☞慎选商品来源

选择合适的采购来源，疏通与代理商的关系，对于采购商品来说是很重要的步骤。随着商品越来越多样化，代理商的商品种类也越来越多，所以他们对畅销品种有自己的限定，如果不是关系很好，是拿不到这些商品的。

☞选择采购方法

采购方法有完全采购、相应采购、补充采购等。在实际中，要根据自己企业的情况和规模等，在考虑这些方法优劣的基础上，使用有优势的组合方法。简单来说，就是销售、赚钱、采购方法的组合问题。

总之，制定采购计划时需要考虑商品实际需要、商品数量、商品价格以及采购最佳时期和时机、商家的信用及现代意识、采用哪种采购方法更合适等问题。

从营销与赢销的角度选择采购方式和降低成本

"赢销"与"营销"最明显的区别在于结果不同：赢销实现了赢局而营销未必。赢销是企业获取利润的保证。从营销与赢销的角度选择采购方式和降低成本，需要从以下几个方面着手。

☞完善采购制度

制度是规范企业生产经营行为的依据。采购部门通过内部整合业务流程，实施管理分层，落实采购、招投标和仓库管理等物资管理基础工作，规范企业采购活动，提高工作效率，杜绝采购人员违规行为，从而达到节省费用的目的。

☞确定采购价格

确定物资采购价格是控制采购成本的关键。为了能够采购到质优价廉的物资，可以提前建立价格档案，价格评价体系及供应商档案，并推行准入制度，对每一批物资的采购价格分析出价格差异。比如可以通过多家询价了解市场行情，力争价格最低。

☞优选供应商

优选供应商也是控制物资采购成本的关键所在。对重点物资的供应商必须经过质检、物资、财务等部门联合考核后才准进入，如有可能还应当到供应商生产地进行实地考察。对于归档的供应商也应实行定期考核和评价，并同采购人员的业绩与奖惩挂钩，形成优进劣出的动态管理机制，促使市场管理水平跃上一个新台阶。

☞严把计划审批关

为了减少因重复采购而造成资金积压，企业物资部门要严把计划审批关口。对车间、工段申报的物资需求计划以及各二级库进行计划汇总平衡。通过这三级把关，综合皮辊花，把资金占用降至最低；同时，定期对产品规格及产品结构成本进行审核，进而找出因产品规格及产品结构成本不合理造成的采购成本流失，从而逐步降低采购成本。

☞进行网上采购

对能进行网上采购的物资，尽量网上采购。大力推行网上采购，对网上采购物资信息进行严格处理和整合把关，能够求得最大的批量折扣。利用互联网可最大限度地减少人为因素的干预，减少仓储成本和资金占用。

☞施行专家采购

为了增加物资采购环节的公开度和透明度，企业可成立物资部门行政领导为组长，业务科室及相关部门专家以及质量监督、技术检测、财务、纪检等部门组成的谈判小组，根据生产单位材料消耗情况和质量要求，从 A 类物资入手，就采购物资的数量、质量、价格及付款方式和售后服务等方面，逐步与供应商进行谈判。从而大大降低采购成本。

☞实行招标采购

对于控制物资的采购，一个有效的方法就是实行竞争招标，因而要尽量采取招标的方式进行物资采购，这也是今后发展的趋势。通过招标，从厂商选择、采购价格、签订合同等各个环节，进一步确定招标采购的范围和品种，杜绝回避招标等不规范现象，从而规范采购渠道。

☞加强入库检查

为了保证入库物资的质量，采购部门要设立计划编制，在合同签订、接运装卸、入库检查等几个质量管理阶段加强控制；同时，还要加强对供应商质量保证能力的审查，坚持必检物资报检制度，加大对非检物资的抽查力度。

总之，采购成本的高低，直接影响企业经济效益的好坏。企业要想提高经济效益，很重要的一点就是降低物资采购成本。由于实际采购情况并不像上述那么明确，所以在实际操作中通常需要使用以上手法的一种或几种的组合，来达到降低成本的目的。

生产部门的全员赢销管理

产销协调是一种以客户和市场为导向，实现企业内部生产和销售的统一的、有计划、有组织的系列活动。在全员赢销战略下，企业生产部门是非营销部门中至关重要的部门，因为它所生产的产品能否满足消费者的需求，直接影响到销售结果。因此，生产部门的全员赢销管理工作主要包括三个方面：站在客户的角度看产品生产；强化质量意识，对生产现场进行把关；产品质量不应因营销模式的改变而改变。

站在客户的角度看产品生产

企业唯有站在客户的角度来生产，才能在未来的生产浪潮中脱颖而出，与日争辉。那么在全员赢销思想指导下，企业生产部门如何才能站在客户的角度看产品生产呢？这就要以精益生产为取向，做好市场调研工作，以期产品推向市场能够满足消费者需求，最后实现共赢。

☞以精益生产为取向

每个企业都想获得更大的效益，而获得更大效益的源头是顾客，所以产品的价值由顾客来确定。企业应该从顾客的角度出发，识别价值流中的增值活动和各种浪费。企业还应该将一些多余的、不适合顾客的活动取消，尽量减少不必要的花销，一切从顾客出发，争取给企业带来更大的效益。也就是说，精益生产是多品种小批量条件下的最优生产方式，实行精益生产会给企业带来巨大的收益。企业应消除顾客不需要的多余功能和多余的非增值活动，不再将额外的花销转嫁给顾客，以期最大化地满足顾客需求。

☞做好调研工作，从多方面搜集客户信息

在产品推向市场之前，企业生产部门首先要了解、研究、分析消费者的需要和欲求，而不是先考虑企业生产什么产品。一定要事先搜集客户的详细资料，只有掌握了客户的更多信息后，才能制定出更详细的规划。每个客户都有不同的问题，站在客户角度考虑事情可以更全面地了解客户的需求，据此进行生产计划，从而提升整个企业的生产效率和产品质量，这有助于在产品推向市场时达成共赢。

多从客户的角度考虑问题，是生产部门的全员赢销管理工作中一个重要的原则。当客户提出意见时，企业有责任、有义务根据他们的建议改进生产。千万不要因为害怕暴露问题，害怕客户拒绝而隐藏很多问题，否则就会害了自己。主动帮助客户提出问题，才能确保客户利益和自身利益的最大化。

强化质量意识，对生产现场进行把关

产品质量是企业整体素质的综合反映，是质量管理体系建设水平的最终体现。生产部门要强化质量意识，对生产现场进行把关，从而确保产品的整体质量。生产现场的控制可以采取"3N"、"4M"、"5S"等质量管理模式。

☞ "3N" 质量管理模式

"3N" 质量管理模式强调树立市场质量意识，从原材料进厂开始把关，不接收、不使用、不制造、不移交不合格品，确保产品质量和信誉。

"3N" 是指质量管理的原则为"不接受（No Accepting）不合格产品、不制造（No Manufacturing）不合格产品、不移交（No Transferring）不合格产品"。其目的是控制生产全过程的质量，确保经过每位员工之手加工的零部件达到100%的合格率，达到零缺陷的质量目标。要求在每一个岗位上、每一个员工中牢固树立起"生产自己和顾客都满意的产品"的市场新理念，形成人人注重质量、环环相扣保证质量的有效机制。

☞ "4M" 质量管理模式

"4M" 质量管理模式注重发挥员工的重要作用，提倡企业文化和精神文明相结合。

"4M" 是指对人（Man）、机器（Machine）、材料（Material）、方法（Methods）四种质量管理要素的科学运用。"人"强调激发最大的竞争意识和质量意识；"机器"要保持最高的开工率和使用率；"材料"要达到合理的投入产出；"方法"保证应用最佳的手段与途径。其中，突出对人的管理和发挥人的能动作用是"4M"的精髓。

☞ "5S" 质量管理模式

"5S" 质量管理模式是对生产现场的管理要求。其目的是创造一个清洁、舒适、文明的生产环境，规范员工行为，塑造良好的企业形象。

"5S" 是指进行文明生产的五个管理手段，即整理（Seiri）、整顿（Seition）、清扫（Seisou）、清洁（Seiketsu）、素养（Shitsuke）。整理就是把要与不要的东西彻底分开，要的摆在指定位置挂牌明示，不要的则坚决处理掉；整顿是指一经检查发现未作标志又未被处理的物品，现场管理干部将追究当事人的责任；清扫就是将工作场所、环境、仪器设备、材料、工具夹等上的灰尘、污垢、碎屑、泥沙等脏物清洗干净；清洁是指在以上三个环节之后的日常性维持活动，在每天下班前 3~5 分钟实行全员参加的清洁作业，使整个环境时刻维持良好状态；素养就是培养全体员工的良好礼貌礼节、工作习惯、组织纪律、敬业精神。

总之，在生产和制造过程中，生产部门要号召全员参与，每位员工都有义务和责任保证产品质量，并牢固树立质量意识，严格控制和执行好产品的操作流程。领导和每位员工都要全身心地投入到产品质量管理当中，把质量监控落实到每个员工的行动中。

产品质量不应因营销模式的改变而改变

在影响全员赢销的诸多因素中，产品的质量仍是营销的灵魂，其他诸因素只是围绕产品质量而展开的。也就是说，产品质量不应因营销模式的改变而改变。从某种意义上说，产品质量是产品营销的最终回归。

☞质量意识是产品生产与营销的核心

质量意识就是全员意识，全体员工都要有质量意识。一方面，质量意识就是严字当头，真正重视质量。麦当劳的成功得益于高标准的清洁卫生和高质量的服务，这对于一个遍布全世界的快餐店来说尤其是困难，但它做到了。另一方面，质量意识就是把质量把控落实到最深处，比如，手表厂的工人不吃葱蒜；饭店的餐具上没有污渍且真正的消毒等。质量意识是超常的思维和理解，要想打动别人，首先要打动自己。

☞意见反馈是调整营销策略的依据

任何产品如果得不到顾客的认同，销售就会受到严重的影响，甚至无法销售。同时，由于消费者受教育水平的提高，网络信息的发达，消费者获得信息的机会越来越多，厂家不能随意决定产品，而应由消费者监督质量，用户最有发言权，那种认为用户不懂质量的观念是错误的，生产人员、技术人员有时存在盲点，根据用户的意见和建议改进质量是捷径，是明智之举。当然，对于设计，生产者与消费者的理解是不同的，生产者认为好的设计是易于制造和销售，而消费者认为好的设计应该是赏心悦目、易于打开、易于使用以及易于修理等。

☞ 市场因素是营销策略调整的内驱力

从古到今，顾客都喜欢高质量、多功能和有特色的产品，所以一般只要产品好就会顾客盈门。因此，企业必须致力于生产优质产品，并不断地改进产品，使之日臻完善。优秀产品是以市场需求为基础的，是有一定需求的优秀产品。

总之，不管营销形式多么前沿，都应该以产品质量或品质为经营的核心；不管营销如何发展，企业都应该重视产品的实体价值与核心利益。企业开展全员赢销活动仍然要以产品的质量为基础，不能忽视产品的内在价值。

物流部门的全员赢销管理

企业物流部门代表了一个企业巨大的战略潜力，它是企业获得持续竞争优势的一个关键因素，它所涉及的活动中很多都与营销策略有关，这些活动构成了营销和物流两个系统的相互联系。在全员赢销战略下，企业物流部门必须充分发挥物流职能，追求物流高质量，制定物流配送标准，建立配送榜样复制标本，优化配送战略和流程，提高货物配送作战半径，切实为客户提供相应的物流服务以支持全员赢销活动。

充分发挥部门职能，实现全面的物流质量提升

物流质量不仅是现代企业根据物流运作规律所确定的物流工作的量化标准，而且应该体现物流服务的顾客期望满足程度的高低。企业物流部门全面的物流质量包括物流对象的质量保证、物流服务质量两个方面的主要内容。

☞**物流对象的质量保证**

物流的对象是具有一定质量的实体，具有合乎要求的等级、尺寸、规格、性质、外观质量等特性。这些质量是在生产过程中形成的，物流过程在于转移和保护这些质量，以此来实现对用户的质量保证。

现代物流过程所追求的不仅是单纯地保护好物流对象，实现物流对象的空间位移，还可以采用流通加工等手段改善和提高商品的质量，增加商品附加值，例如在流通加工中心或者配送中心，将钢材、木材切割成板材、方材，将整块玻璃按照顾客的多样化需求开片成不同规格的小面积玻璃等。流通加工可以提高装卸搬运以及运输的效率，可以适应顾客的多样化需求，可以弥补生产过程中的加工不足，实现供需双方更好的衔接，实现物品使用价值的顺利让渡。因此，在一定程度上，物流过程也是商品质量的"形成过程"。

☞**物流服务质量**

物流活动具有极强的服务特性，既服务于现代企业生产经营过程，也要为享受企业的产品和服务的顾客提供全面的物流服务。顾客衡量物流质量的好坏，一般会受到诸多因素的影响，而企业就必须考虑顾客对这些因素的感受，并以此作为物流服务质量的标准，如表8-7所述。

表8-7　物流服务质量三大标准

标　准	含　义
人员沟通质量	人员沟通质量指负责沟通的物流企业服务人员是否能通过与顾客的良好接触提供个性化的服务。一般来说，服务人员相关知识丰富与否、是否体谅顾客处境、帮助解决顾客的问题会影响顾客对物流服务质量的评价。这种评价形成于服务过程之中。因此，加强服务人员与顾客的沟通是提升物流服务质量的重要方面
存货可得性	存货可得性是指当顾客下订单（要货）时，物流企业或物流部门所拥有库存的能力（库存物品数量），它能反映周转库存和安全库存的控制水平，一般又用缺货率、供应比例两个指标来进行衡量
物流任务的完成情况	物流任务的完成情况是衡量服务质量的主要指标。又可细分为速度、一致性、快速反应能力、误差处理四个二级指标。其中快速反应能力是指当客户的需求发生变化时企业必须具备处理突发事件的快速反应能力；误差处理是指订单执行出现错误后的处理。如果顾客收到错误的货品或货品的质量有问题，都会向物流供应商追索更正。物流企业对这类错误的处理方式直接影响顾客对物流服务质量的评价

实现全面的物流质量提升，可以有效促进全员赢销活动的进一步开展，而物流服务质量标准的实施，则是衡量物流质量的保证。

优化物流配送流程，力求流程成本的最小化

流程优化是一项策略，通过不断发展、完善、优化业务流程可保持企业的竞争优势。物流配送流程不合理，会导致供货周期长，客户不满意。在物流部门的全员赢销管理过程中，优化配送流程是其实现标准化管理的重要途径。

☞明确要求，设定流程优化目标

明确物流有效管理的基本要求，从而设定改进目标，是提高物流配送有效性的基础。具体来说，需明确的要求如表8-8所述。

表8-8 物流管理四大基本要求

要求	内容
保证货品质量是前提	从生产到销售的过程中，产品质量受到诸多因素的影响，就物流环节来说，各环节的装卸、运输、保管是关键。在订单合理的前提下，确保在长途运输、中转、入库、存储、分拣、配送过程中的产品品质良好及外观完整是保证货品质量的基本要求，也是物流有效管理的前提
保证配送时间是根本	只有生产企业的产品送达及时、入库迅速，才能为产品按订单分拣和配送提供保证。在分拣配送环节，合理的工作流程和系统的配送管理是确保配送时间的前提
保证结算效率是关键	这里所说的结算效率，主要是指企业与零售客户之间的结算。结算是否及时有效，主要取决于零售客户结算是否方便快捷。要着力提高零售客户结算的结算效率，确保产品配送及时到位
保证服务效果是标准	产品销售并不是一个单纯的货品所有权转移的过程，在现代流通体系下，服务所包含的价值已成为满足消费者需求的一部分。其中，物流服务是服务价值的重要组成部分，其服务效果直接影响服务质量评价和客户满意度

☞对配送流程进行优化

物流配送流程优化需要针对配送作业的时序进行分析，对每道工序制定出最优方案。具体如表8-9所述：

表8-9 物流配送流程优化三大环节

优化环节	实施细则
优化进货环节	进货环节也称备货环节，是准备配送商品的系统活动。它是配送中心运转的基础环节。一般来说，在我国现在的实际物流活动中，备货是经销商自己完成的。在物流专业化的情况下，基本上有两种模式：第一种模式是提供配送服务的第三方物流企业直接承担责任；第二种模式是物流和供货商两者相分离的模式，订货、购货等工作通常由货主自己去完成，配送中心只负责进货、理货等工作，货物所有权属于货主。优化进货环节需要考虑的是进货时间控制在谁的手中。如果是货主配送中心就得24小时值班，因为货随时都可能进货。如果是配送中心，那预约时间就变得非常重要了

续表

优化环节	实施细则
优化仓储环节	仓储环节是进货活动的延续。在配送中心的活动中，仓储有两种形式：一种是暂时储存，另一种是储备形态。一般来说，暂时储存形态仅适用于周转率大的商品，今天进仓明天出货的商品最适合于利用仓库暂存区旋转。储备是基于安全库存的考虑，按照一定时期配送活动要求和到货周期，有计划地确定能够使配送活动持续进行的库存数量和形式。物流配送中心在仓储环节的优化实践主要体现在货位管理上，通过物流信息系统自主选择，简便快速地确定货物存入的详细地址
优化配送环节	配送是配送中心的核心环节。在适应现阶段我国配送需求的情况下，物流配送可以对单纯送货进行改进，比如，制单员在每次制单时，运用配送路线模型确定路线。只要输进去有哪几个点，每个点需要送货的数量，模型就会自动选出几条路线，让人员根据当时交通流来灵活选择，从而确定配送点的划分、路线的安排，大大缩短了配送时间。送货单上有客户的详细地址和联系电话，配送司机到达客户所属区域后很容易通过电话找到零售商营业仓库。坚持运输高度的合理性，尽可能不安排送货跨度很大的车次，以便提高配送效率

总之，在专业化分工越来越细的经济环境中，物流配送流程优化的发展方向时必须努力为客户探索降低成本的道路，在进行配送活动时，力求流程成本的最小化。

创新思路，构建现代物流综合管理体系

物流管理在本质上还是要实现下列的功能目标：快速响应、最小变异、最低库存，整合运输、质量、生命周期的支持等。这些都需要一个科学合理的综合管理体系来实现。

☞流程标准化

流程是物流中心工作的核心。要针对物流配送作业流程，对分拣、组配、包装、送货、综合管理等各作业环节制定可量化管理的目标；在评价分析上，要进一步对现场管理的基本数据进行收集和分析，初步建立标准化、系统化、

数据化、模板化的管理控制指标体系，从而对关键环节和流程实现有效控制，确保配送作业流程的标准化；结合各岗位实际，从质量、成本、工作量、效率四个维度入手，将标准化作业纳入绩效考核中，提高职工规范作业流程的主动性。

☞管理扁平化

在确保服务质量的前提下，如何按标准化流程迅速解决配送中遇到的问题，是配送管理的难题。海口某公司的物流中心在每个配送区域配备一名配送经理，负责所在配送区域的日常管理工作，把送货管理延伸到具体岗位，实现了配送管理的扁平化，从而提高了配送管理水平。

☞作业精细化

在优化分拣流程方面，先确定拆箱、换膜、备货、开机预热以及卫生清洁时间等，然后通过时间倒推合理安排工作；以分拣线、打码机、塑包机等关键设备实际功率为依据，规定每个设备提前开机时间；开展岗位轮训，合理配置每个岗位的职工人数等。在优化配送流程方面，利用线路优化系统，实现车辆满载率最高、送货里程最短；在每次进行流程调整后，应对运行效率、成本费用、服务质量等关键指标综合分析后再确定流程优化是否取得了实效，是否真正实现了配送管理精细化。

总之，物流部门应采用理论科学手段，强化物流管理，通过流程标准化、作业精细化和管理扁平化来实现企业管理体系的建立和实施。

财会部门的全员赢销管理

企业的全员赢销是企业各部门和全体员工共同参与的活动，需要各个部门积极配合营销部门这一主体，并为之献计献策，将企业赢销战略落到实处。在全员赢销战略下，作为非赢销部门的财务部门，要充分认识到自己和营销部门的共性，并善于实现财务与营销的融合平衡。

财务部门与营销部门的共性

随着企业营销战略的逐步发展和深入，全员赢销战略下的财务部门和营销部门的配合显得越来越有必要。尽管财务与营销具有明显的差别，但两者又存在千丝万缕的联系，同是企业极其重要的管理部门，工作职责具有十分明显的共性。

☞同样重要的管理活动

财务是企业极其重要的管理活动，有效的财务管理可使企业以最低代价有计划地筹集资金，最大限度地提高资金运用效果，为经营管理部门及有关信息使用者提供客观、及时、可靠的财务信息，监督和控制企业的资金运动。我国学者近年来甚至提出企业管理应以财务管理或会计管理为中心，财务管理以现金管理为中心，而且目前的资本运营理论也颇为盛行，由此可见财务在企业管理中的重要程度。

在当下，营销已是企业中至关重要的职能和经营管理活动。离开强有力的营销机构和有效的营销管理，企业在日益激烈的市场竞争中将无法生存发展。现代营销理论要求企业从高层管理者到基层作业人员牢固树立以市场和顾客为中心的市场观念，建立以营销为中心的管理体制，形成以营销部门为战略管理核心的经营管理系统。中外企业长期的经营管理实践已经证明了营销管理在企业经营管理中的极端重要性。笔者在此先不论企业管理到底以财务管理为中心还是以营销为中心，任何人都无法否认财务和营销在现代企业管理中的重要作用和地位。此外，既然两者都属于管理活动，两者就都具备管理的基本职能，即计划、指挥、控制、分析、协调和考核。

☞**根本目标上存在一致性**

尽管财务与营销各有自己的业务范围和任务要求，在具体目标上也不甚相同，但两者的根本目标是一致的，都是为了提高企业经济效益，实现企业生存、发展和获利的最终目标。企业生存、发展和获利的最终目标是财务部门及时、有效地筹集资金和运用资金，努力降低各项成本费用支出，加强财务核算，并为企业内外提供有用的财务信息；它还要求营销部门正确分析市场环境，选择有利的市场机会，制定正确的营销战略、策略和计划，加强对营销活动的管理与控制，努力开拓市场，提高企业经济效益。

☞**企业在相同的环境和条件下具有相同的起点**

财务活动和营销活动都离不开具体的环境和条件。作为同一企业中的两大职能部门，两者都要从同样的企业内外部环境出发。财务决策难以改变企业外部环境，更多的是适应环境变化与发展趋势，这与营销管理的实质是一样的。美国著名营销学家霍华德指出，市场营销经理的任务就是"对于动态环境的创造性适应"。利用企业相同的内部条件，去适应共同的外部环境，是财务工作与营销工作的共同出发点。财务管理与营销管理都必须认清企业所处的环境和企业的自身条件，才可能取得成功。财务决策与营销决策都必须首先对相同的内外环境和条件作出各自的具体分析。认识环境、分析和研究环境是进行财务决策和营销决策的共同基础和依据。

实现财务与营销的融合平衡

财务和营销部门经常会产生不和谐的工作关系。他们通常会从不同的角度看待和处理事情。财务部门通常过分关注于预算而忽视了预算所带来的效益；而营销部门则过分关注于产品的知名度，却忽视了其所带来的收入和利润。双方各自把高深的专业术语拿出来作为迷惑对方的手段和挡箭牌，结果无非是各自浪费时间和精力在一些无关紧要的问题上，最终造成双方的对话不欢而终。怎样在营销与财务中找到一个合适的分界点，对于很多财务部门来说是一个非常棘手的难题。

☞在合作的基础上提供各种建议

实现财务与营销的融合平衡，这其中至关重要的便是如何建立财务和营销部门之间的良好合作关系，并在此基础上提供各种建议。进一步来讲，这包括以下步骤：完善营销部门的想象力，从而创造出更多有价值的理念；计算出这些营销理念所能带来的财务效益，秉持理念并确实创造财富；构建一个知识体系用以提升未来理念的质量。

☞共同探讨问题，共谋解决方案

让营销和财务部门一起通过对报告中所提到的问题进行讨论，双方可以找到方法让营销变得更加有效并创造出更多的财富。在这一过程中，两个部门开始用同一种语言和思维方式来理解问题。他们会在开始注重效果的同时不忽视过程。此后，举行一个与总经理的座谈会将更加有效。座谈会上需要由各个部门来回答研讨性问题，这样，会议可以解决很多难题。例如，如何管理营销部门的钱包？如何让营销部门更好地融入企业内部？通常，当资金被注入各个不同的部门内，往往会使该部门的管理者满怀理想，却忽视了其所作所为对整个企业所造成的影响。

这些建议可以立即给企业带来效益。同时，也可以使企业有一个长期的进步过程，给企业提供一个步骤图来帮助管理者们建立一个更加有建设性的计划。这样的计划有以下好处：使营销预算为企业创造更大的价值；使营销资产更加有效；使预算不会出现突发的变化；革除预算繁文缛节，避免时间浪费；使营销策略更快地获得批准；使预测更加准确。

总之，营销部门往往需要灵活的思维和先进的市场意识及各种灵活的公关技巧，有时会增大风险。财务部门需要的是严谨的态度和作风，有时会因为过于保守而失去市场机遇。为了使两者都不因为自己的缺点造成损失，扬长避短，财务应为营销提供决策依据，营销为财务提供及时的市场信息，使两者紧随市场，把风险降到最低，使财务成果达到最佳，更有利于企业的发展。

人力资源部门的全员赢销管理

企业人力资源部门致力于吸引人才、使用人才、培养人才和留住人才，从而为公司的持续、健康、快速发展和实现公司的战略目标提供人力保障。在全员赢销战略下，企业人力资源部门要从源头上对营销人员把关，要有营销大师是培训出来的意识，要掌握激励营销人员的手段与方法。

从源头上对营销人员把关

对营销人员把关的"源头"是招聘环节，即招到好的营销人员。营销岗位是公司内部"跳槽"最为频繁的岗位之一，对于流动性较高的职位，企业人力资源部门在招募此类人才时需要了解营销人员的素质并采取合适的招聘策略。

☞营销人员应具备的素质

招聘人员了解营销人员的素质，是为了锁定招聘目标，避免招聘盲目性。一名优秀的营销人员应具备什么样的素质呢？如表8－10所述。

表 8-10　营销人员应具备的基本素质

素　质	内　容
良好的品德	营销活动是一项塑造形象、建立声誉的崇高事业。它要求从业人员必须具有优秀的道德品质和高尚的革命情操，诚实严谨、恪尽职守的态度和廉洁奉公、公道正派的作风。在代表组织进行社会交往和协调关系时，不谋私利，不徇私情，为人正直，处事公道；在本职工作中，尽心尽责，恪尽职守，能充分履行自己的社会责任、经济责任和道德责任
渊博的知识	在当今以信息技术占主导地位的知识经济时代，营销人员必须以渊博的科技、文化知识做后盾，其中掌握一般文化知识是基本条件，包括语文、历史、地理、外语、数学、自然、政治、哲学、法律等知识；精通本专业的知识是必备条件，包括商品、心理、市场、营销、管理、公关、广告、财务、物价、人际关系等知识；并且要具备广泛的兴趣和爱好，包括体育、音乐、美术等，以增加自身的知识面，这样才能与客户有更多的共同语言
良好的心理素质	心理素质渗透在人们的各种活动中，影响着人们的行为方式和活动质量。优秀的营销人员应具备的心理特征为：有浓厚的职业兴趣，它可以增强营销人员开拓进取的精神，使营销人员在奔波劳累之中乐此不疲，以持久的热情从事营销活动，探索营销的成功之路；营销人员要有充分的自信心，这是决定营销工作能否成功的内在力量
较强的公关能力	营销人员应具备的公关能力主要包括：推销能力、观察能力、记忆能力、思维能力、交往能力、劝说能力、演示能力、核算能力、应变能力、反馈能力和自学能力。其中推销能力最为重要
良好的气质	"胆大而不急躁，迅速而不轻佻，爱动而不粗浮，服从上司而不阿谀奉承，身居职守而不刚愎自用，胜而不骄，喜功而不自炫，自重而不自傲，豪爽而不欺人，刚强而不执拗，谦虚而不假装"，这应该成为营销人员共同的气质信条和宣言

☞**招聘策略的制定和实施**

营销人员是职场上相对活跃的人力资源，由于其供应的稀缺性，也属于跳槽率相对较高的群体，因此要制定合适的招聘策略。其主要有以下几个方面：以什么方式进行招聘（招聘会、报纸、网络或电视等媒体）；薪酬与福利；工作环境（主要是指业务环境）；职业规划；等等。

制定好招聘策略后，要考虑如何有效地将招聘信息高效迅速地传递给目标。通常做法是：在招聘旺季，一般可以采取传统的招聘方式，如参加一些目标市场所在区域的当地大型或行业招聘会。在招聘淡季，营销人员相对趋于稳定，人力资源部门此时需要调整招聘策略，尝试用新人推荐、用人部门提供营销人员信息、掌握招聘目标主要信息、电视招聘、招聘顾问合作、行业 QQ 群、经营外部市场人力资源等方式与目标人员进行招聘信息的对接。

☞选择适合的甄选工具

对营销人员的甄选不能采取单一的面谈方式，因为单一的面谈不能全方位地评价应聘者。所以，可以结合心理测试和情景模拟等方式。在结构化面试中，问题的设计是关键，每一个问题都要对应某项素质的考察。应用无领导小组讨论，可以考核面试者的组织协调能力、口头表达能力、辩论能力、说服能力、领导能力、情绪稳定性、处理人际关系的技巧、非言语沟通能力（面部表情、语调语速和手势等）等，让面试官从不同角度去评估应聘者。但采用这一方法要根据职位说明书或胜任力模型确定招聘岗位的素质要求，确定各个考核要点所占的权重及评价标准等。

总之，在营销人员的招聘过程中，人力资源部门还要提高面试效率，掌握面试技巧，这样才能及时高效地为企业找到匹配的营销人员，为企业全员赢销活动发挥积极作用。

树立营销大师是培训出来的意识

营销人员是达成"赢销"的关键。无论企业的营销策划多么好，广告多么铺天盖地，分销渠道多么流畅，但最终要达成赢销关键还是营销人员。营销人员的产品知识、营销技巧、消费心理和知识等，往往在营销实战中对营销的达成有关键的作用。而营销人员的素质、技能、产品知识等需要不断地强化培训，因此要树立营销大师是培训出来的意识。

就营销员培训工作而言，人力资源部门要形成以下四个方面的培训意识：

☞知识更新的培训意识

必须更新营销员知识、提高营销员技能，使之能适应市场的要求。现代营销对营销员有较高的要求，要树立营销观念，以满足顾客的需求为己任，主动了解市场、开发市场、讲究系统性，而非过去那种拉关系、耍嘴皮子。这就要求企业进行主动的培训工作，提高营销员的素质。

☞提高工作水准的培训意识

最大限度地提高并保持员工高效率、高质量的工作水准。通过培训，给营销员以本领，增强其信心，使之训练有素，能稳定地开展营销工作，提升工作水准。所以，有人说，培训是公司给员工最好的礼物。

☞稳定队伍的培训意识

减少人员流动，增强团队的凝聚力，是人力资源部门日常工作的重要内容。有些企业营销员队伍很不稳定，原因固然很多，但其中必然有一个原因就是营销员业绩上不去，难以继续工作下去。所以通过培训，可以增强营销员克服困难的信心，从而达到稳定营销队伍，增强团队凝聚力的目的。

☞提高综合素质的培训意识

通过培训，可以提高营销人员的综合素质和营销技巧，进而切实提高营销管理水平，保证企业经营目标的实现。

总之，营销员的培训是营销管理的关键环节。随着市场竞争的加剧，培训工作已日益引起企业管理者的重视。企业花费在培训和人力资源方面的资金所占比重都越来越大。而且现在的市场营销人员的推销技巧也越来越高了，很多高端的产品都越来越受大众的青睐，这当中肯定少不了营销员的推销工作。

掌握激励营销人员的手段与方法

管好营销人员通常与三个方面有密切的关系：领导人、激励政策、制度。就重要性来看，激励政策通常被认为是激励营销人员的最重要手段。激励政策中重要的是遵循激励原则和建立激励机制。

☞ **遵循激励原则**

一是结果考核与过程考核并重。结果考核相对简单易行，但是营销人员的业绩并不完全取决于自己的努力程度，还要受企业对市场的支持、区域市场潜力等因素的影响。过程考核通过一套作业制度和程序保证销售工作的实现，与结果考核互为补充。

二是持续动态的绩效沟通。把业绩考核看作一个帮助营销人员成长的沟通工具。持续动态的绩效沟通，首先，应该从业绩目标的沟通开始；其次，在营销人员完成业绩指标的过程中，通过持续动态的沟通，及时发现问题，帮助营销人员发现业绩差距原因，并提供适当的指导与培训，促使营销人员顺利地完成自己的业绩目标。

三是公平公正科学。根据亚当·斯密的公平理论：一个人做出成绩并取得报酬后，要进行比较来确定所获报酬是否合理，比较的结果将直接影响以后工作的积极性。因此，建立激励机制调动营销人员工作积极性，必须要公平公正，这是激励充分发挥作用的重要保证。

四是流动配置。企业营销部门的人力资源配置必须慎重对待，掌握流动配置特点。保证企业每个部门与岗位人力资源的质量，包括内部人员的分配、交流以及职务的晋升。

五是物质激励与精神激励相结合。物质激励是目前企业使用得非常普遍的一种激励形式，而精神激励方面主要是满足员工的精神需求。在实际工作中，无论员工处于哪一层次，也无论其需求有何差异，希望得到别人的尊重和认同的需求是一样的，满足员工的这一需求能增强员工的归属感。

☞建立激励机制

一是关注营销人员的选拔和招聘。选拔和招聘营销人员是关注营销人员的第一步，通过缜密细致的选拔和招聘工作，可以得到一批愿意投身于营销事业，具备一定营销素质和专业文化背景的初级营销人员。采取营销人员内部和外部招聘相结合的方式，有助于所选人员相互取长补短，共同进取。既要保证企业营销人员的综合素质和能力达标，又要体现挑选的公正性、公平性和透明性。

二是制定员工的多通道职业生涯发展规划。营销人员的成长对企业的发展具有促进作用。企业不仅要为员工提供一份与其贡献相称的报酬，使其分享到自己所创造的财富，而且要充分了解员工的个人需求和职业发展意愿，为其制定科学合理的职业生涯发展规划，并提供适合营销人员要求的晋升道路。只有当员工能够清楚地看到自己在组织中有发展前景时，他才有动力为企业尽心尽力地贡献自己的力量，与企业结成长期合作、荣辱与共的伙伴关系。利用职业生涯管理理念和方法实施管理，不失为实现营销人员和企业共同目标的一条捷径。

三是建立合理的营销人员薪酬制度。薪酬的设计要兼顾长期激励和短期激励相结合的原则，薪酬设计可根据企业所处的成长阶段选择相应策略。处于迅速发展阶段的企业可采用高弹性模式，以高奖金促发展；处于正常发展或成熟阶段的企业要增加持股比例，保证企业稳定发展。因此薪酬设计可包括基本薪资、业务奖金、员工持股、保险和福利几部分，根据企业发展阶段调整各部分比例，实现短期激励与长期激励的有机结合。

四是加大人力资本投入。对于营销人员来说，他们本身也不愿意离开企业，因为自己积累的关于该企业的专用知识将随着自己的离开而失去价值，这对营销人员是一种损失。同时，营销人员的离职也会因岗位空缺、重新招聘、新员工培训而增加企业成本，也会带来业务直接和潜在的损失。因此加强对营销人员的管理，加大对营销人员培训的投入，提高他们的满意度，是企业应重点考虑的问题之一。

五是构建积极向上的企业文化，加大情感投入。企业文化是全体员工认同的共同的价值观，它具有较强的凝聚功能，对稳定员工起着重要的作用。企业文化通过一系列管理行为来体现，如企业战略目标的透明性、分配制度的公平性、职业保障的安全性等，都能反映一个企业所倡导的价值观。构建企业文化的目的就是增强员工的归属感，增强企业的凝聚力，最终实现员工与企业的共赢。

六是激励手段的个性化选择。对于以权力需要为主导需要的营销人员，渴望得到上司和同事的认可和尊重，渴望自我管理权限的扩大，所以培养他们进入管理层，对其具有非常大的激励作用。以关系需要为主导的营销人员，更愿意维持老客户。由于他们自身成就动机并不强烈，相对来说难以激励的，更具弹性的薪酬制度、更短的考核周期、更高的考核体系会促使他们提高工作的积极性。而理想的激励是把握营销人员内在心理需要及公平公正的基础上，将物质激励和精神激励相结合，通过影响营销人员的"预期"、"手段"、"效价"，不断强化营销人员的行为动机，从而达到企业、员工双赢的目的。

总之，以调动人的积极性为主旨的激励，是人力资源开发和管理的基本途径和重要手段。企业管理中引入激励机制不仅是企业现代化管理的表现，更是迎接未来挑战的一剂良方。

网络部门的全员赢销管理

在全员赢销战略下，企业网络部门的基本工作包括：掌握大数据处理基本流程；产品消息和爆炸性新闻的发布；掌握吸引网络客户眼球的方法。

掌握大数据处理基本流程

"大数据"或称巨量资料、海量资料，指的是所涉及的资料量规模巨大到无法通过目前主流软件工具，在合理时间内达到撷取、管理、处理，并整理成为帮助企业经营决策更积极目的的信息。大数据处理的方法其实有很多，但有一个基本的大数据处理流程，整个处理流程可以概括为四个步骤：采集、导入和预处理、统计和分析、挖掘。

☞采集

大数据的采集是指利用多个数据库来接收发自客户端（Web、App 或者传感器形式等）的数据，并且用户可以通过这些数据库来进行简单的查询和处理工作。比如，电商会使用传统的关系型数据库 Mysql 和 Oracle 等来存储每一笔事务数据，除此之外，Redis 和 MongoDB 这样的 NoSQL 数据库也常用于数据的采集。

在大数据的采集过程中，其主要特点和挑战是并发数高，因为有可能同时有成千上万的用户来进行访问和操作，比如火车票售票网站和淘宝，它们并发的访问量在峰值时达到上百万，所以需要在采集端部署大量数据库才能支撑。而如何在这些数据库之间进行负载均衡和分片的确是需要深入思考和设计。

☞导入和预处理

虽然采集端本身会有很多数据库，但是如果要对这些海量数据进行有效的分析，还是应该将这些来自前端的数据导入一个集中的大型分布式数据库，或者分布式存储集群，并且在导入基础上做一些简单的清洗和预处理工作。也有一些用户会在导入时使用来自 Twitter 的 Storm 对数据进行流式计算，来满足部分业务的实时计算需求。

导入与预处理过程的特点和挑战主要是导入的数据量大，每秒钟的导入量经常会达到百兆，甚至千兆级别。

☞统计和分析

统计与分析主要利用分布式数据库，或者分布式计算集群来对存储于其内的海量数据进行普通的分析和分类汇总等，以满足大多数常见的分析需求，在这方面，一些实时性需求会用到 EMC 的 GreenPlum、Oracle 的 Exadata 以及基于 Mysql 的列式存储 Infobright 等，而一些批处理或者基于半结构化数据的需求可以使用 Hadoop。

统计与分析这部分的主要特点和挑战是分析涉及的数据量大，其对系统资源，特别是 I/O 会有极大的占用。

☞挖掘

数据挖掘一般没有什么预先设定好的主题，主要是在现有数据上进行基于各种算法的计算，进而起到预测（Predict）的效果，进而实现一些高级别数据分析的需求。比较典型算法有用于聚类的 Kmeans、用于统计学习的 SVM 和用于分类的 NaiveBayes，主要使用的工具有 Hadoop 的 Mahout 等。该过程的特点和挑战主要是用于挖掘的算法很复杂，且计算涉及的数据量和计算量都很大，常用数据挖掘算法都以单线程为主。

需要强调的是，整个大数据处理的普遍流程至少应该满足这四个方面的步骤，才能算得上是比较完整的大数据处理。

产品消息和爆炸性新闻的发布

作为企业的网络宣传平台，网络部门为了进行企业品牌推广，追求企业品牌的传播效应，常常需要发布产品消息和爆炸性新闻。

☞发布产品消息

产品发布到底是什么意思，是不是简单地将公司的一些产品对外发布，除了这个之外，还需要做什么呢？其实很多不熟悉电子商务的人也许只是做简单的操作，但是当你发现它其中的奥妙，也许你的工作效率会不断提高。

产品信息的发布是一门学问，我们在发布产品前，一定要整理好相关的信息，选择好的平台，两者合一能够让你的产品发布的效果更加明显。具体如表8－11所述：

表8－11　产品信息发布三大方法

方　法	内　容
整理产品信息	产品的信息一般需要详细，产品的标题、标价、图片、详细的介绍等都是需要进行详细的说明，这样有利于提高发布的效果
整理收录好的网站	收录好的网站，对于提高公司的产品发布的效果非常有帮助。一般在各种发布平台进行信息的发布，在各种B2B平台（针对不同的行业，选择的平台不同，最好就是在百度搜索同行的发布网站的效果，选择好的平台）、分类信息网（部分的分类信息网效果还是不错的）、免费平台、博客、社区、论坛、微博等进行发布
跟进产品发布效果	产品是否能够成功发布或者发布是否有收录，是否有转化率等都是企业的重要目标。可以选择有效果的平台坚持发布，如果收录好，但是发布信息不完全而导致无法收录，需要对信息进行小更改，进而提高收录效果

☞发布爆炸性新闻

在网上发布新闻已成为企业宣传不可缺少的一种方式，它可以为企业做广告，在市场推广及品牌建设中具有重要作用。新闻成功的三大原则，一是必须确保每一次网络新闻都为客户的品牌做了加法；二是必须有利于产品的销售；三是必须有利于企业影响力的不断提升和企业自身的可持续发展。作为企业的一种广告形式，新闻常常具有一定的爆炸性，因而能够抓住消费者的心理，为企业的宣传起到立竿见影的作用。

为了追求的吸引消费者效果，首先，要让客户有机会直接在门户网的相关频道看到关于企业产品的新闻；产生直接的点击或者评论，带来直接客户。其次，当潜在客户运用百度等搜索引擎搜索公司名或者产品的关键词，那么就会在一个页面或几个页面上，连续看到发布在各大网站的相关新闻报道。客户看到有这么多网络媒体报道该企业，会提高客户的成交额。最后，把所有各大网站发表过的关于企业的报道按照原网站网页的形式收集起来，链接在本企业网站上，供客户阅览，使其迅速产生信任。

掌握吸引网络客户眼球的方法

很多企业手里有对客户有价值的信息，可是却因为表达能力欠缺让大部分的客户无法对其内容产生兴趣。如何写出能吸引眼球的内容，每个写文章的人当然都是奔着某个目标去的，可是往往因为没有选择合适的话题或者写着写着忘记了主题，导致自己浪费了时间不说，读者也一头雾水。因此，网络部门必须掌握吸引网络客户眼球的方法。

那么，如何撰写吸引眼球的内容，通过为客户提供一些有用的信息改变他们对企业的看法？以下五个技巧就能帮你实现。

☞趋势文指路："让我们帮你走向成功！"

找准一个与客户的问题相关的社会、政治或者技术等趋势，去解释它将为客户带来什么样的机遇或挑战。然后，按照以下几点说明出你的观点：这个潮流是什么引起的，形式将如何发展；目前是什么状况；从一个专业观察员的眼光来看，形式将如何发展并列明你的理由；你建议读者如何做到趋利避害。写"趋势"的文章需要对你客户的世界了如指掌，并且用心帮助他们达成好的结果。尽量为客户提供适合他们的新的解决方案，而不是做一些重复性的工作。

☞用流星文跟读者说："有问题？有我在"

要写出好的"流星"文，你得目不转睛地盯着相关部门，一看到或将影响你圈内人的骤变的消息，就马上沿着这条线写：描述事件本身，加点背景知识；提供趋利避害的专业建议。如果能写出一篇引人入胜的"流星"文，你可以放上几个不同的媒体，以期一传十十传百。这种类型的文章，将你定位为紧跟市场脉搏的人，展示了你对支持客户需求的兴趣。就像在说，放心吧，有我在！

☞"HOW"类内容："你的成功，我心之所系"

"如何"类文章，顾名思义，告诉人们如何处理某件事。一篇成功的"如何"文章，是内容营销的最高境界——提供别人达到目标所需的信息，并且将你定位为一个心系客户得失的人。这类文章只有当你谈论的是你行业内的人真正关心的话题才显得有意义。假设你希望通过一篇教人如何保养割草机的文章触及割草机买家。你写个帖子放在给公寓住户看的网站上就等于白搭，因为这种公寓的景观项目通常都是由公寓物业承包的。但同样是这篇帖子放在景观服务公司或专业人员会读到的论坛或者刊物上，就能成功传达给你的潜在客户这样一件事：你会是一个替他们着想的好供应商。

☞"如何与×××合作"类内容："我们值得信赖"

这类文章给读者提供实际的建议，告诉他们如何从已选的服务商那儿得到最好的结果。当你在推销一件商品或者当客户很难辨别你与竞争者的产品或服务孰好孰坏的时候，这类文章就很管用。这种情况下，对已有供应商的信任至关重要，而这类如何与×××共事的文章最能够传达这层意思。

☞案例分析："我们符合您的需求，您看，我们已经取得了成功"

许多商业和专业杂志网站都充斥着案例分析。对业内人士来说，案例分析能像侦探小说一样扣人心弦，但如果写得不好，也能把人看得吐血。尤其是当读者通常没有意识到案例中提到的问题的时候，对一个案例唯一感兴趣的人就是你的竞争对手，他们会迫不及待地吸干所有竞争情报。所以说，案例分析只有当你帮助读者学到他们想要的东西并且学以致用的时候才没有白费力气。案例分析需要与你的目标读者息息相关并提供贴合读者实际情况的解决问题方案，它能显示你或你公司的特性，展示你的足智多谋、热心、有技巧、勤奋。也演示了一旦有机会，你将如何为读者服务。

以上类型的文章，只要选择得当，都能成为制胜法宝。在选择用什么方式传达你的内容时，切记三个基本点：了解你想传达的目标；清楚你手上掌握的信息；了解你的读者（所属行业）的需求。

第九章　全员赢销战略实施中
存在的问题及解决方法

　　全员赢销是企业各个部门和全体员工总动员的活动，是对传统营销方式的普及与深化，但其过程中因各方面因素导致的问题是客观存在的，给这项活动带来了一定的负面影响。世界上的事情没有不可解之道，只是没有找到方法或正在使用的方法不对路而已。同理，全员赢销过程中存在的问题也并非"绝症"，只要参与全员赢销的部门尤其是员工自身认真总结，勤于学习，勇于实践摸索，其"赢销"的水平就会大大提升，从而实现理想的赢销效果。

全员赢销战略实施过程中存在的问题

　　全员赢销因其"人多力量大"的优势而具有范围广、见效快的特点，从人力资源利用上看，也有着一人多用、人尽其才的优点。它拥有的直观效果就是：对一种新产品而言，以"导向市场、引导消费"的先进营销理念为指导，能够短、明、快地推向全市场，可以收到立竿见影的功效。但在实施过程中也出现了一些问题，这些问题应该引起企业领导者和管理者的高度警觉。

☞降低了营销层次，打乱了专业分工

美国市场营销协会认为："市场营销作为一种计划及执行活动，其过程包括对思想、产品和服务开发制作、定价、促销、流通等活动，其目的是经由交换和交易的过程，满足个人和组织的需求。"从这个层面理解，全员营销离真正意义上的营销相差甚远，其实质是全员销售，或者更准确地说，"全员赢销"是基于员工社会关系或个人资源的全员直销。

全员赢销颇类似于"全民皆兵"。在一个国家或一个时期，全民皆兵的理论与实践大行其道，折射的恰恰是正规国防力量难当重任。同理，全员赢销的盛行无疑是专业营销力不从心的尴尬反映，并将进一步淡化专业营销队伍的功能和地位。任何一个现代企业（即便是专业的营销公司）都毫无例外以专业营销部门作为其市场营销的主力，区别只在于对分销渠道的倚重不同而已。因此，以全员赢销冲淡专业营销确实是得不偿失。

此外，全员赢销也打乱了专业分工。专业分工是社会化大生产的基本特征。只有各部门职能清晰，人员各负其责，流程规范顺畅，运营效率才会提高。如果每个员工都背着"赢销"任务，带着"赢销"压力，那么员工搞好本职工作的热情将会被浇灭，其工作积极性必然会受到影响。由于时间是常数，员工的选择只有两种：要么在辛苦工作之余跑"赢销"，要么本末倒置，占用工作时间完成分配的"赢销"任务。无论时间如何分配，他们本质上都不得不做与自己的专业相去甚远的产品销售。其结果是顾此失彼，"反把专职当兼职"，员工的工作压力与紧张感增加，工作效率下降，工作质量难以保证。

☞不利于市场营销，损害了企业的公众形象

一个新产品能够走向市场，并逐步为市场所接受，通常是由多种因素决定的，如消费者的年龄、性别、收入、地位和受教育的程度等，不能奢求某种新产品能够满足各类消费者的所有需求。因此，要进行市场调查，细分市

场，而"以员工为中心，向四周辐射"的全员赢销，忽视了个体需求的差异性，忽视了市场细分的工作，将不同的需求混淆在一起，导致工作被动，甚至丧失市场机会。

此外，由于"赢销"任务是与员工的工资、奖金密切挂钩的，有些人为了保住工资、奖金，不惜打折狂甩。这样的恶性竞争，不仅严重扰乱了市场秩序，也极大地损害了企业的公众形象。

☞不利于充分发挥集约化和专业化的优势

在企业中，维护技术部门的是本部门的技术跟踪和技术创新优势，技术部门为企业提供了强有力的技术支持和后台服务保障。而业务营销部门则依托强大的营销网络系统，凭借营销人员对市场的感悟能力，为企业创造着财富。由于全员赢销的开展，在一定程度上完全抹杀了这种分工上的差异，容易导致部门工作的失衡，不利于部门集约化和专业化优势的发挥。

☞削弱了员工对企业的忠诚度，破坏了企业文化

全员赢销使员工整日疲于奔命，相当一部分员工为完成营销任务采取低价倾销的手段，甚至出现了暗地里买卖业务指标的现象，使自己的利益受到损失。这样，必然挫伤员工的积极性，削弱员工对企业的忠诚度。

此外，由于指标持续攀高，奖惩措施趋于严格甚至苛刻，全员赢销的任务成为绝大多数员工的"难以承受之重"。在分配与激励机制改革滞后、行业重组传言不断的双重背景下，员工的不满情绪会蔓延，企业的凝聚力和战斗力削弱，企业文化在员工的怨声载道中被可惜地损耗了。

上述全员赢销战略实施过程中存在的问题，其实质性根源在于观念与管理。如果企业领导者和管理者能够对此足够重视，并采取有力的措施，更重要的是参与赢销的员工能够改变观念和方式，全员赢销仍然能取得多赢的效果。

全员赢销战略实施中存在问题的解决方法

"对症下药"不仅是治病的通则，也是世间所有问题的解决之道。对全员赢销过程中出现的问题，也应该本着这一原则，认真分析，找出原因，制定对策，认真实施，从而使问题得到切实有效的解决。

学习市场客户项目的管理过程

参与全员赢销的员工学习项目管理，并在市场开发过程中落地实施，可以培养自己的赢销能力，这会使全员赢销过程中出现的营销层次低及专业分工不明确的问题得到有效改善。在这里，一个很重要的方法就是员工要以先进的理念去指导他们的思想，以正确的方法去做好客户项目管理工作。我们一定不要漠视了这样的一个过程，这正是发现客户，培育商机的过程。认真地走好每一步，商机也就一步步向我们走来，而且是非常踏实的商机。

一个项目的管理一般有几个过程，这些过程因不同的项目内容而不同。对于市场客户项目的管理，这里归纳为十个环节，如图9－1所示。

☞发现客户，发现项目

发现客户，发现项目是项目管理的十个步骤中最关键的。我们的推销员首先要去发现客户，发现客户的商机。如果在这一步无法实现，那么后面的过程都无法进行。一个推销员可能发现多个客户的多个商机，也可能是一个客户的多个商机。我们要多方判断这个客户对我们有多大的价值或潜在的价值。这包括客户的规模、资金状况、项目情况和我们对这个客户的把握能力，还有该客户在行业中的影响能力等方面，还有一个很重要的方面就是竞争对

学习市场客户项目的管理过程

発现客户，发现项目

提交申请材料，申请立项

公司审查申请材料

是否同意立项

建立项目登记，建立费用预算

项目跟踪并填报跟踪报告

项目实施并填报实施报告

项目验收并填报验收报告

项目后期服务应收账

项目结束并填报项目注销报告

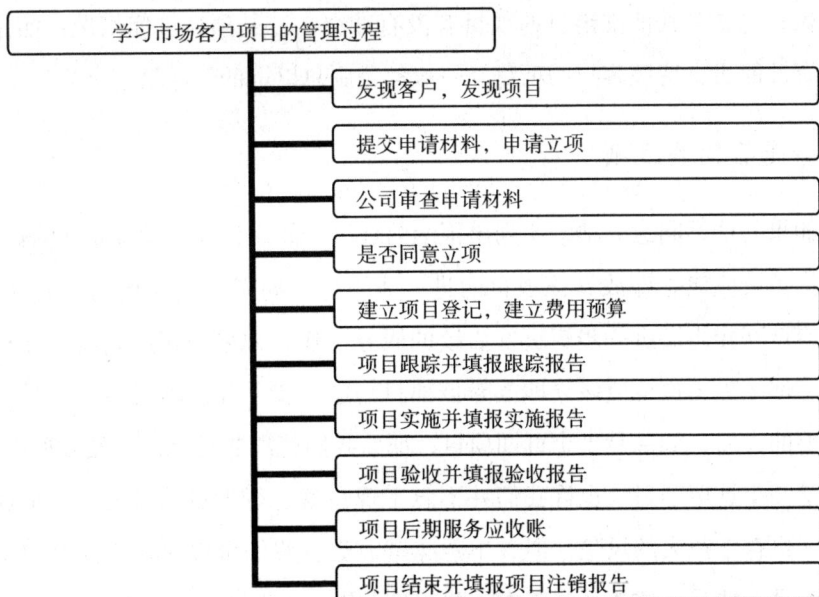

图9-1 市场客户项目管理十大环节

手对这个客户的插手情况。因此推销员在这个阶段要充分获取该客户的信息，获取的信息越详细、越真实可靠，我们对客户的把握能力就越强。要认真按照项目立项申请的要求填写相关的报告。只要真诚、真实地填写了这些报告，就可以证明这个推销员是在认真踏实地工作。

☞**提交申请材料，申请立项**

在这一步，如果我们发现了一个客户，不要着急立项，切忌饥不择食，认为"来的都是客"。否则不仅会大量浪费我们有限的资源，还会错失真正有价值的机会。

☞**公司审查申请材料**

公司会根据推销员的报告决定是否立项，这一步对公司很重要。公司要根据该推销员的立项申请判断：一是该客户及立项的项目是否有价值，或值得去做；二是与其他推销员的项目有没有冲突；三是项目进度情况；四是公司的资源能否支持该客户的项目。一般都是副总以上的领导签字审批。

☞是否同意立项

如果公司不同意立项，要列出拒绝的理由。如果该客户没有立项的价值，那么推销员应该立即放弃该项目的进一步工作；如果与其他推销员有冲突，那么应该互相协商进一步解决好后续的服务工作；如果公司没有能力支持该项目，那么推销员也应该立即放弃该项目的进一步工作。项目进度也是一个很重要的方面，如果是一个近期项目，那么我们就需要马上投入人力和资本，如果是一个远期项目，也许我们并不急于现在就进行大量的投入，一个远期的投入也存在很大的风险。但并不意味就放弃，我们可以密切关注客户这个项目的进行情况，这关系到资本效益的最大化。

☞建立项目登记，建立费用预算

项目一旦批准立项，那么公司就会启动项目登记、费用预算、项目进度跟踪等一系列的工作。建立项目费用预算是非常重要的，追求赢销的员工应该有一个基本的意识，那就是以最小的投入获取最大的利益。如果我们还是不管三七二十一，出差大手大脚，来客大吃大喝，这不符合现代企业经济管理的基本思想，更不能提升公司的竞争能力。因此一定要做到"投入和支出"有计划、有控制。

☞项目跟踪并填报跟踪报告

推销员要对客户的项目进行跟踪服务，这是推销员要做的一个关键的工作，也是一个培养商机的过程。跟踪内容包括客户项目的进展情况、竞争对手的活动情况。培养商机的结果就是要将这种机会转换为商务，达成商务是其唯一的目的。在这个过程中，肯定有竞争对手来争夺我们的"粮食"，我们要用智慧驱逐他们，让他们不能得逞。如果客户的项目发生变化甚至是取消，那么我们也要尽快做出对策，或者注销项目，以避免给自己造成更大的不必要的损失。在项目跟踪的过程中，公司还可以预测该客户的项目实施情况，公司的其他部门可以根据预测做出相应的研发、生产和采购准备，这样就可以从根本上避免各部门的工作处于手忙脚乱的状态。

项目跟踪要有一系列相应的跟踪报告，推销员只有认真仔细地跟踪了该客户，他才可以真实地填写这些报告。因此这些工作报告是必不可少的，千万不要认为这是一些"务虚"的东西，这就是实实在在的工作。你只有经过了这些实实在在的过程，"商机"才真正属于你。急功近利、浮躁行事不可能使公司飞跃发展。

☞从"项目实施并填报实施报告"到"项目结束并填报项目注销报告"

这个过程是我们已经战胜对手获得成功以后的过程，如果我们被对手打败没有获得成功，或者客户取消了这个项目的进一步实施，那么在第六步以后就结束了该项目。但无论怎样都需要一个项目注销登记，项目注销意味着该项目实施的结束，公司也不再为该项目提供进一步的资源支持。

以上将客户项目管理过程视为一个理想化的过程，实际操作比这复杂得多。事物总是变化的，人的思维总是活的，但基本的规则是不能篡改的。项目管理本身就是一门学问，这中间有很多的理论，也有很多的方法和思路，只有适合公司的方法和思路才能变成对我们有价值的东西，要"把马列主义同中国的具体实践相结合"。

实行项目管理，同时跟进目标管理，将会打造一支无往而不胜的销售团队。同时，也为建立"市场营销体系"打下了坚实的基础。

建立完善的市场营销体系

在全员赢销战略下，作为参与赢销的员工个人，建立市场营销体系主要要把握一个中心，两个基本点，三个步骤，四个重点。学习掌握这方面的知识，可对全员赢销过程中出现的影响企业公众形象、企业文化等负面问题找到一个很好的解决途径。

当然，一个完整体系的建立是针对个人的，而非针对组织。由于单靠个人能力显得不足，解决之道是勤于学习，包括向同行同事学习，尤其是向本公司的营销部门学习，有条件的话也可以请教外部专业人士。总之只要下功夫，并结合实践多加摸索，解决问题并非没有可能。下面，我们把常识性的知识予以介绍，而这也正是一个学习的过程。

☞一个中心

所谓一个中心，即以客户为中心。

以客户为中心的赢销理念是站在客户的角度，协助客户解决问题，向客户提供解决问题的最佳方案，而不是努力说服客户购买企业的产品或服务。以客户为中心的赢销方法强调推销过程中每个无形的方面，包括产品和服务，客户所认同的真正价值以及个人所带来的附加值等。

强调"一个中心"的意义在于：商业活动就是为了盈利，盈利就是赚钱。一方面，这钱就是从客户那里来的，你不以客户为中心，他凭什么把钱给你？这是其必要性；另一方面，以客户为中心也有它的好处，比如公司内部各部门的建立，围绕客户展开的全员赢销活动更明确、更高效。总之用四个字形容：事半功倍。

☞两个基本点

所谓两个基本点，即以市场调研为出发点，以竞争对手为参照点。

先说市场调研。市场调研的内容包括：市场需求调研、产品调研、价格调研、促销调研、分销渠道调研和营销环境调研。如表9-1所述：

表9-1　市场调研的主要内容

调研内容	调研方法
市场的需求调研	市场的需求是企业营销的中心和出发点，企业要想在激烈的竞争中获得优势，就必须详细了解并满足目标客户的需求。因此，对市场需求的调研是市场调研的主要内容之一。市场需求调研包括：市场需求量的调研；市场需求产品品种的调研；市场需求季节性变化情况调研；现有客户需求情况调研（数量、品种）
产品调研	随着环保要求的提高，不同的市场对产品的需求也不一样，产品在地区之间的需求也出现差异化。因此，产品调研也成为市场调研中不可忽略的问题。产品调研的内容包括：产品品质需求调研；产品品种需求调研；产品质量调研；等等
价格调研	价格会直接影响到产品的销售额和企业的收益情况，因此价格调研对于营销企业制定合理的价格策略有着至关重要的作用。价格调研的内容包括：产品市场需求、变化趋势的调研；国际产品市场走势调研；市场价格承受心理调研；主要竞争对手价格调研；国家税费政策对价格影响的调研
促销调研	促销调研主要侧重于消费者对促销活动的反应，了解消费者最容易接受和最喜爱的促销形式。其具体内容包括：调研各种促销形式是否突出了产品特征；是否起到了吸引客户、争取潜在客户的作用
销售渠道调研	销售渠道调研是市场调查中的重要环节，这是新产品上市或进入新市场、增加现有产品的占有率和提高利润率水平的准备工作。内容包括：确认可行的营销渠道；渠道的竞争性分析；调查客户的偏好；分析市场渗透的可行性；分析渠道的利润率
营销环境调研	营销环境调研的内容包括：政治法律环境；经济发展环境；国际产品市场环境；产品技术环境；替代产品发展；竞争环境

在营销实践中，进行任何市场调研都是为了更好地了解产品市场，搞清楚战略失败的原因或减少决策中的不确定性。因此，市场调研工作需要收集市场规模、竞争对手、消费者等方面的相关数据，并基于相关数据的支持提出市场决策建议。

再说竞争对手。在市场调研过程中，竞争对手是必要的参照点。竞争对手调研的根本目标是通过一切可获得的信息来查清竞争对手的状况，包括产品及价格策略、渠道策略、销售策略、竞争策略、研发策略、财务状况及人力资源等，发现其竞争弱点，制定恰如其分的进攻战略，扩大自己的市场份额。另外对竞争对手的优势部分需要制定回避策略，以免发生对个人或企业有害的事件。

竞争对手调研的关键是搜集到准确的竞争情报，而竞争情报是关于竞争环境、竞争对手和竞争策略的调查研究。竞争对手调研是市场竞争的客观需要，是信息作为一种战略资源的重要体现。

☞三个步骤

所谓三个步骤，即市场细分、目标市场和市场定位。

市场细分的分析内容是：对目标客户进行细分，包括进行客户定位和市场需求定位；对目标产品进行细分，包括市场营销客体细分化，市场提供物细分化，产品定位、生产技术定位；对市场营销者进行细分，包括市场资源优势、能力细分化，战略定位、经营目标定位；对市场关系进行细分，包括市场媒介、市场通道细分化，市场关系定位、市场渠道定位。

确定目标市场的目标是为哪个或哪几个细分市场服务。之所以选择目标市场，是因为不是所有的市场对赢销都有吸引力，任何人都没有足够的力量满足整个市场或追求过分大的目标，只有扬长避短，找到有利于发挥自己现有的人、财、物优势的目标市场，才不至于在庞大的市场上瞎撞乱碰。

市场定位也称"营销定位"，是在目标市场上客户和潜在客户的心目中塑造产品、品牌或组织的形象或个性的技术，也就是在客户心目中树立独特的形象。市场定位并不是对一件产品本身做些什么，而是在潜在消费者的心目中做些什么。市场定位的实质是使本产品与其他产品明显区分开来，使顾客明显感觉和认识到这种差别，从而在顾客心目中占有特殊的位置。

☞四个重点

所谓四个重点，即产品、价格、渠道和促销，它们是在掌握上述情况基础之后进入实质性赢销的重点，也是在实践的过程中实现赢销的关键所在。因为有关这方面的内容本书其他章节已有详解，故这里不再赘述。四个重点作为本节内容，不妨以其中的产品为例作一简述。

产品是赢销的核心，卖出产品才有利润。但产品最重要的是能满足消费者需求，也就是说消费者购买的不只是产品的实体，还包括产品的核心利益，即向消费者提供的基本效用和利益，如产品功能尤其是附于产品的服务等。至于产品的价格，事实上，价格已经不再是唯一的销量杠杆，赢销人员人性化的销售与服务，可以提升产品价值和增加消费者价值。

采取以客户为导向的营销模式

销售人员常犯的一个错误是假设客户所做的一切都符合一定的道理，因此，他们经常将某些"通用法则"用于所有客户。实际上，这些"通用法则"的问题在于它们很多是互相矛盾的。某些销售法则对一类客户极为有效，但是对另一类却没有一点用处。所以，要采取以客户为导向的营销模式，即实行全方位覆盖客户购买要素的营销策略。客户有什么样的需求，销售人员就提供什么样的产品和服务。

☞小戴尔的新理念

1983 年，美国奥斯汀的德州大学，一个十七八岁学医的大学生，当时很喜欢电脑，一段时间后，他发现电脑不仅好玩，还可以赚钱。他买来一些旧电脑，然后把电脑升级后卖给同学、教授。这种旧电脑的升级"生意"使他第一年就赚了 5 万美元，于是他决定休学开公司。一年之后，这名大学生不但没有重新回到大学来读书，反而把计算机公司继续开下去了。他就是迈克尔·戴尔。戴尔的公司已经名列全球 500 强企业之中，是美国有史以来最快进入全美 500 强的企业。

戴尔在早期开办公司的时候，就已经突破了传统的营销模式。他说："每个消费者的需求是不同的。学生可能钱比较少，要的内存比较小；教授相对来说可能比较有钱，他要的内存可能比较大，所以应该客户需要什么就生产什么。"他突破了以往通过大批量生产来降低价格的观念，提出了要根据客户的需求来定制产品。这是第一点。戴尔的第二个理念是抛弃代理商，直接进行销售。他认为，通过分销渠道虽然有好处，可以让产品广泛分布，但是代理商一定要赚得到钱，产品价格相应就会提高。如果采用直接销售，消费者会因为产品价格便宜，又能够得到直接的服务，而愿意直接从他这里买，而不从分销商那里买。第三点是直接给客户提供上门的服务。以前在大学时就是这样做的，客户有问题给他打个电话，他马上就上门修好。所以他当时提供上门的服务，解决了客户维修的问题，从此商业模式有了突破。

由案例可见，戴尔以客户为导向的模式，取得了竞争的优势和巨大成功。这种营销模式就是销售和市场活动紧紧围绕着客户的四个要素，即介绍和宣传、挖掘和引导需求、建立互信、超越期望，而不是只按某一个要素进行，这样就能全方位地满足客户的要求，在竞争中取得优势。

表9-2 客户导向营销模式四大要素

要　素	内　容
介绍和宣传	客户采购的第一要素是了解，销售人员需要通过介绍和宣传自己的产品、公司以及相应的服务让客户进行了解
挖掘和引导需求	针对客户不需要或觉得不值得的要素，销售人员需要挖掘客户需求并且对客户需求进行引导
建立互信	对于客户不相信的情况，销售人员需要与客户建立互信，使客户对其产生信任感并讲清自己的需求
超越期望	在产品销售之后，销售人员要在第一时间与客户取得联系，了解客户是否满意。客户满意与否取决于客户的期望值，如果产品没有达到期望值，客户就会不满意，超过期望值就会觉得很满意。针对客户的第四个要素，就是要超越客户的期望

☞制定营销模式需考虑的因素

在企业中销售人员的数量和销售费用都有限，不可能无限制地花费财力和物力进行销售，所以就需要成本计算。进行成本计算时需要考虑三个因素：

一是费用，销售人员在每次达到销售目的的过程中，需要多少费用；二是时间，销售人员要在很短的时间内把产品介绍给客户，并挖掘出客户的需求，赢取订单；三是客户的覆盖面，主要包括覆盖客户的数量、级别以及区分客户的职能三个方面。

覆盖客户的数量，即在某一时段内接触产品信息的客户的数量。覆盖客户的级别，即在大客户销售过程中，最终决定权在企业的决策层，如果销售人员总是拜访低层次的客户，就很难获得订单。在衡量销售活动过程中，一定要弄清覆盖客户的情况；在介绍产品时，要弄清楚介绍对象是谁以及对象的级别。区分客户的职能，即销售人员一定要拜访至少三种职能的客户，即财务层的客户、使用层的客户和技术部门负责把关的客户。

总之，以客户为导向的营销模式，除了要善于使用销售的四个要素外，还要衡量销售活动在时间和费用上的代价以及客户的覆盖面情况。将这些因素综合在一起，就形成了以客户为导向的营销模式。

针对不同类型客户的应对策略

人有三六九等，木有花梨紫檀，客户的类型也各不相同。在实践中，如果参与赢销的员工面对不同客户没有做出及时、正确的反应，就会使赢销行为陷入僵局，最后一无所获。在这里，我们介绍几种不同的客户类型和对应方法，以期帮助销售人员提高交易成功的概率。

☞理智型客户

这类客户办事情比较理智，有原则，有规律。他们不会因为关系的好与坏而选择供应商，更不会因为个人的感情色彩选择对象。他们大部分工作比较细心、负责任，在选择供应商之前都会做适当的比较，得出理智的选择。

对应方法：对于这样的客户不可以用强行送礼、"拍马屁"等公关方式，最有效的方式就是坦诚、直率的交流，把自己的能力、特长、产品的优劣势等直观地展现给对方。给这类客户承诺的一定要做到，这就是最好的公关方式了。

☞任务型客户

这类客户一般在公司的职务不会是股东级别的，他们只是在接受上级给予的任务，通常这些任务也不在自己的工作职责范围之内，这样的客户一般只是完成任务，不会有太多的要求，也不会有太多的奢望。

对应方式：对于此类型的客户，要服务周到，主动地为客户分析产品优劣，承诺一定要斩钉截铁。这样的客户不是完全的重点公关对象，因为他们往往是即时性客户，服务完了一笔业务可能以后就没有业务机会再打交道了。所以在费用和服务上都不能太优惠，拜访这样的客户第一印象特别重要，有了好的第一印象一定要跟进、说服，给予一定的质量、服务、时间上的承诺。

☞贪婪型客户

这种类型的客户一般自身公司的人事关系比较复杂，做事的目的性比较强，对产品要求价低质高。这类客户很容易稳定，只要和对方的关系发展到一定程度就很容易把握住对方的需求。

对应方式：对于这样的客户，要尽量保持心灵沟通，不可大造声势，要给对方安全感。另外在质量、价格、服务上都要有一定的保障。但是对这类客户也不可以完全满足，一味地满足对方就会导致自己操作很被动，因为人的贪婪没有止境。

☞主人翁型客户

这类客户大部分是企业的老板，或者非常正直的员工，这样的客户只追求价格、质量、服务的最佳结合体，尤其最为关注价格，所以对于这样的客户首先要在价格上给予适当的满足，再根据质量回升价格。要让对方感觉你做的东西就是价格最便宜、质量最好的。

对应方式：服务这类客户要以价格为突破口，在价格上给客户一个好的印象，在质量上可以根据客户的认知度定位，前期道路铺好之后就是要经常地回访和交流。这样的客户只要价格能适当地满足对方，能保持良好的沟通，就能长期维持下去。

☞抢功型客户

这种类型的客户一般不会是公司的大领导，也不会有很大的权利，但他们很有潜力，地位一般处于上升趋势。这样的客户主要关注产品质量，价格只要适当就可以了。他们有时会自己掏钱为公司办事情。

对应方式：对于这样的客户一定要站在客户的角度着想，千万不可以伤害其自尊心。一定要保证售出产品的质量。这样的客户不需要保持太紧密的联系，只要在日常的工作中给予适当的帮助，为客户在自身公司的发展做点力所能及的事情就可以了。逢节假日给予适当的问候，保持一般的联系。这样的客户很有可能会发展成为未来的潜力客户。

☞吝啬型客户

这样的客户一般比较小气，想赚他们的钱不容易。这样的客户不会因为稳定、信任、关系而选择一个固定的供应商。他们会首先比较价格，而且比较的结果是让你没有利润，然后再要求质量。这样的客户经常会隐瞒事实，夸大自己，很多时候还会选择货比货，搞一些根本就不需要招投标的招投标形式，以此来压价。

对应方式：建议不要在这样的客户身上花费太多的时间，根据自己的产品特点及企业优势决定是否合作，不要指望下次他们会给你赚钱的业务。这样的客户一开始就不能一味满足其需求。如果面对不是自己强项和优势的业务大可不必去参与竞争，因为对自己得不偿失，钱没有赚到，精力倒花费不少。这类客户不是电话销售人发展的重点客户。

☞刁蛮型客户

通常这样的客户在第一次交往中表现得很好，显示自己是很有信誉和实力的公司。有时甚至会出现你要价800他给1000的情况，这样的客户在和销售人员交谈的过程中基本上是不会准备好资料的，希望所有的资料由销售人来为之准备，也不会在价格上和你斤斤计较，在质量上也不会要求苛刻。他们会想方设法设置陷阱，找借口通过一些问题干扰视线，制造问题，以此抓把柄找麻烦。

对应方法：对这样的客户千万不可以马虎，更不可以为客户的表现所动心，在所有的操作上一定要积极、客观、认真，各种手续齐备并且一定要客户亲自确认签字，否则绝对不可以操作下去。对客户要求的时间也不可以随便承诺，给自己施加压力。一定要收预付款，绝对不可以先做事再谈价格。总之对于这样的客户一定要先小人后君子，不可麻痹大意。

☞关系型客户

这样的客户往往是先有朋友关系后成业务交往，对这样的客户把握不好度，就很容易导致业务没有做好，朋友关系也搞砸了。尤其在服务行业，这种事情时常出现。

对应方式：对于这种客户一定要把握几个原则，不该收钱的时候千万不能收，该收钱的一定要把价格告知清楚。帮忙和赚钱做生意一定要分开，如果遇到总是喜欢占便宜的朋友客户，就一定要注意小单子可以帮忙做，需要花费一定成本费用的大单子要么就一切谈好后按正规方式操作，要么就婉拒。

☞综合型客户

这样的客户一般非常老到，关系网也比较复杂，思维活跃，很难认清。

对应方式：对于这样的客户处理问题一定要小心，不可以将其定义为任何一种专业类型的客户来对待，因为这样的客户可变性很强，在与之交往的过程中通常采用以静制动的方式比较好。始终要有装糊涂、认真、虔诚的心态，静观其变，等待把握客户的即时心态之后再对症下药。

总之，客户并不都是一种类型的，参与赢销的员工需要结合实际情况，根据不同的客户类型采取灵活的技巧加以应对。所谓"兵无常法，水无常形"，公式是死的，可运用是活的，只要销售人能及时总结出一些固定的客服公式再因时、因地、因人地对症下药，就一定能变被动为主动，实现真正的赢销！

参考文献

［1］沈周俞. 企业微营销［M］. 北京：中华工商联合出版社，2014.

［2］［英］斯蒂尔. 完美陈述：推介理念和赢得商机的艺术［M］. 田丽霞，韩丹，刘寅龙译. 重庆：重庆出版社，2009.

［3］［美］费雪，［美］霍夫曼斯. 费雪论创富［M］. 郭宁，汪涛译. 北京：中国人民大学出版社，2009.

［4］王建华. 利润的雪球：中国本土市场30种盈利模式［M］. 北京：企业管理出版社，2013.

［5］魏炜，朱武祥，林桂平. 商业模式的经济解释：深度解构商业模式密码［M］. 北京：机械工业出版社，2012.

［6］周力之. 服务赢销：给客服和营销的管理者［M］. 成都：成都时代出版社，2012.

［7］周凯歌. 赢在改变：企业转型升级与盈利模式创新［M］. 北京：中国财政经济出版社，2014.

［8］李野新. 新渠道营销一本通［M］. 北京：中国经济出版社，2008.

［9］李远荣. 赢销：打造金牌营销总监的十大攻略［M］. 江苏：凤凰出版传媒集团，2010.

［10］［美］华莱士. 致富的哲学：赢家背后的成功密码［M］. 梁亦之译. 北京：新世界出版社，2012.

后　记

书稿完成之际，意犹未尽，总觉得有个问题需要说明，这就是有些人对"全员营销"的误读。有以下两种情况：

其一，认为全员营销就是每个员工都做营销。有些经营者认为人多力量大，而忽视了营销工作的专业性和规范化要求，用营销部门员工的管理办法来考核全体员工并下达销售任务，个别企业甚至还取消全体员工的工资，而视销售产品的任务完成情况给予报酬。结果导致员工忠诚度下降，市场产品价格混乱。这么做的另一个弊端是将销售政策混同儿戏，专业销售队伍难以生存。比如企业有专门的广告业务人员，但是总有一些神通广大的其他业务人员能够通过给客户以额外的优惠来拉取业务，以至于广告业务员们频繁跳槽，另谋高就。

其二，全员营销就是每个部门都"管"营销。企业发展后经营管理中的一些职能越发细分并专门化，这本身是进步的标志，但是企业经营者误读了"全员营销"之后，却可能会让众多职能部门插手营销部门事务，并在激励制度上平均化，吃"大锅饭"。比较典型的就是行政部插手营销人员的业务，甚至插手并干涉外派营销人员的日常管理，使营销人员面临多头管理、多重领导，导致他们疲于奔命，业绩不佳。事实上，其他部门贸然干涉营销人员的业务，会使营销部门无法有效发挥奖罚作用，影响整个团队的管理。职能部门人员与销售人员采用同样的激励政策，全然不顾营销工作的专业性和职业的高风险特征，如此"大锅饭"式的全员营销，势必最终导致人心涣散，团队溃退。

　　由于上述两种情况的存在，因此这里强调的是：全员营销的全面导入是一个系统工程，需要借助外部力量进行灌输和推进。如果企业经营者在不能正确理解全员营销的情况下完全"自学成才"，这不仅会浪费宝贵时间，同时也容易走火入魔。事实上，只有真正理解了全员营销并成功导入，才可能对企业有脱胎换骨之效。